英语语言学理论与实践应用创新

张 巧 ◎ 著

吉林出版集团股份有限公司

版权所有　侵权必究

图书在版编目（CIP）数据

英语语言学理论与实践应用创新 / 张巧著. — 长春：吉林出版集团股份有限公司，2023.6

ISBN 978-7-5731-3554-4

Ⅰ．①英… Ⅱ．①张… Ⅲ．①英语—语言学—研究 Ⅳ．①H31

中国国家版本馆 CIP 数据核字（2023）第 111998 号

英语语言学理论与实践应用创新
YINGYU YUYANXUE LILUN YU SHIJIAN YINGYONG CHUANGXIN

著　　者	张　巧
出版策划	崔文辉
责任编辑	侯　帅
封面设计	文　一
出　　版	吉林出版集团股份有限公司
	（长春市福祉大路 5788 号，邮政编码：130118）
发　　行	吉林出版集团译文图书经营有限公司
	（http：//shop34896900.taobao.com）
电　　话	总编办 0431-81629909　营销部：0431-81629880/81629900
印　　刷	廊坊市广阳区九洲印刷厂
开　　本	710mm×1000mm　1/16
字　　数	212 千字
印　　张	9.25
版　　次	2023 年 6 月第 1 版
印　　次	2023 年 6 月第 1 次印刷
书　　号	ISBN 978-7-5731-3554-4
定　　价	78.00 元

如发现印装质量问题，影响阅读，请与印刷厂联系调换。电话 15901289808

前 言

在人类文明的发展历程和具体的生产实践中，语言作为人们用于信息传达、进行思想交流的重要媒介发挥着举足轻重的作用。同时，语言还是人们进行信息交流的工具，语言与每个个体息息相关。但是，一提及语言，人们对其的了解和认识大多比较浅显且缺乏系统性。事实上，语言不仅仅是一门学科，同时语言的背后还有其自身的系统知识与理论的强有力的支撑。英语属于国际交流的主要语言之一，其对于经济贸易往来和各个国家之间相互沟通具有重要的作用。英语是一种语言系统，其对学生的沟通技巧及实践能力具有比较高的要求。语言学理论指的是对于英语教学所提出的针对性概念，要求学生能够创新传统的学习方式，使自身的语言表达能力得到提高，有效连接素质教学的理念。

英语语言学是一门包含多学科的学问。虽然它的历史不算太长，但在近几年，对这一学科的研究取得了飞速的发展，它所涵盖的范围也越来越广。英语语言学的相关研究不仅有着悠久的历史，而且对人类社会的发展产生了比较深远的影响，甚至还在不同程度上记录了人类历史的具体演变过程。但是，随着人类社会实践的发展，英语语言的各个层面也在发生着变化。相应地，我们不仅应夯实对英语语言基础理论的研究，还应结合实践发展对英语语言学进行深入探讨。

本书基于英语语言学理论与实践两个方面进行探究。首先，概述了英语语言的相关概念及其发展等，其次对英语语言学、英语语言文化、现代语言学的理论流派进行详细分析，最后重点阐述了英语语言学的隐喻理论在外语教学中的应用，以及英语语言学在外语教学中的交际能力培养等相关内容。

需要说明的是，本书在具体编写的过程中，参考和借鉴了诸多高校英语教学实践相关的书籍与资料，在此对相关作者表示感谢。由于作者水平所限，书中不妥之处，恳请读者批评指正。

目 录

第一章　英语语言 ··· 1
　　第一节　英语概述 ··· 1
　　第二节　英语语言 ··· 3
第二章　英语语言学 ··· 11
　　第一节　语言学综述 ·· 11
　　第二节　英语语言学与英语教学 ·· 14
　　第三节　英语语言学的形成史 ··· 20
　　第四节　英语语言学教学方法 ··· 22
　　第五节　多维视角下的英语语言学 ···································· 26
第三章　英语语言文化 ··· 29
　　第一节　文化与语言的文化属性 ······································· 29
　　第二节　英语语言文化面面观 ··· 37
第四章　现代语言学的理论流派 ·· 50
　　第一节　现代语言学的开端 ·· 50
　　第二节　布拉格学派 ·· 57
　　第三节　哥本哈根学派 ··· 68
　　第四节　英国语言学派 ··· 73
　　第五节　美国语言学派 ··· 80
第五章　英语语言学的隐喻理论在外语教学中的应用 ············ 97
　　第一节　认知隐喻理论 ··· 97
　　第二节　隐喻的功能 ·· 98

第三节　外语教学的隐喻能力 …………………………………… 99

第六章　英语语言学在外语教学中的交际能力培养 …………………… 103
第一节　语用学与交际能力的培养 …………………………………… 103
第二节　外语课堂教学与交际能力的培养 …………………………… 107
第三节　语法知识的传授与交际能力的培养 ………………………… 111
第四节　教学方法多源论与交际能力的培养 ………………………… 116
第五节　阅读与培养交际能力的辩证关系 …………………………… 123
第六节　英汉语用差异 ………………………………………………… 133

参考文献 ……………………………………………………………………… 141

第一章　英语语言

第一节　英语概述

英语是盎格鲁－撒克逊人的民族语。它属于印欧语系的日耳曼西部语支。英语的形成大约是在公元5世纪，它是在一千五百余年的漫长历史过程中发展起来的。印欧语系是世界上最大的语系，包括欧洲、美洲和亚洲地区的大部分语言。世界总人口中，有一半以上的人讲印欧语系的某种语言。英语属于印欧语系的日耳曼语族。日耳曼语族是一个比较大的语族，分为三个语支：东日耳曼语支（East Germanic），主要以现已绝迹的哥特语（Gothic）为代表；北日耳曼语支（North Germanic），主要以古北欧语（old Norse）为代表，包括今日的挪威语（Norwegian）、冰岛语（Icelandic）、瑞典语（Swedish）和丹麦语（Danish）等；西日耳曼语支（West Germanic），包括低地德语（Low German）、今日的荷兰语（Dutch）、高地德语（High German）、英语、弗里西亚语（Frisian）、佛兰芒语（Flemish）等。因此，我们常说英语属于印欧语系的日耳曼语族的西日耳曼语支。

由于在历史上曾和多种民族语言接触，它的词汇从一元变为多元，语法从"多曲折"变为"少曲折"，而现代英语与其他所有的印欧语系语言相比，没有那么复杂的曲折变化，也失去了几乎所有阴阳性变化，基本上，英语除了人称代词以外，已失去了性和格的分别，它更强调词语间相对固定的顺序，也就是说，英语正朝着分析语的方向发展。英语中仍然保留的曲折变化有所有格、动词现在时的第三人称单数、动词过去式、现在分词进行时态、过去分词、动名词、名词的复数、形容词的比较级、形容词的最高级。语音也发生了规律性的变化。由于英文的使用范围极为广泛，不可避免地出现了各种地区性变体。有的语言学家已经不再把伦敦或英国上层人士的英语作为唯一的标准英语，而把它作为地区英语之一来看待。除英国英语外，最值得注意的是美国英语（亦作"美式英语""美语"）。

美国英语是17世纪产生的。它是随着英国人向北美移民并在那里定居而形成的。当时英国移民所使用的语言基本上是伊丽莎白时代的英语（Elizabethan English）。那个时期，正是伟大的剧作家莎士比亚（William Shakespeare，1564—1616）创作的鼎盛时期，也是英语向外广泛传播并产生巨大影响的时期，因此，又把当时英国移民所使用的语言称为莎士比亚时代英语。美国在18世纪建国之后，本土语言仍以英国为宗。美国学者最初称它为"在美国的英语"。到了第一次世界大战之后，美国国力大增，就有学者提出"美国语"一说。在半个多世纪以前，这个术语通常被理解为美国人特有的语词和语法，在抱有"纯洁主义"的英国文人看来，它不是纯正的英文，不能与英国英语相提并论。但到了第二次世界大战前后，"美国英语"一词的概念逐渐明确，只指在美国本土使用的"自成一派"的英语，不再刻意强调其与英国英语的渊源。现在英国学术界也终于承认美国英语有其独立地位。二者在语音上有相当明显的差别，拼写的差别则不是很大。在词汇方面，美国英语曾长期以英国英语为规范，由于"二战"后美国的大众传播媒介迅速发展，美国英语已反过来对英国英语产生影响（特别是在新词新义方面），并且这种影响有日益扩大之势。在文学作品上，这两种英语的区别比较明显，但在学术、科技文章方面，两国作者使用的是一种中性的共同文体。一般人们以一些学术机构的辞书作为标准英语的参考依据，如被誉为"全世界拥有最多读者的英文词典"——《牛津英语词典》等。

美国英语是美国"熔炉文化"（Melting Pot）的反映。操不同语言的移民从世界各地来到这个新世界，这个新世界以英语为唯一的官方语。正是这个强制性的官方语使美国文化成为熔炉性的多元文化，移民们被迫将自己的母语局限于家庭和社团使用而沦为方言，他们也被迫使用英语来谋求生存和发展。这就是说，移民们强制性地将自己的母语情结限定于社团感情的范围，而视英语情结为民族国家感情，于是美国英语就成了熔炉文化铸造"新世界的新人"（new men in the new world）的语言工具。

除美国英语外，还有加拿大英语、澳大利亚英语、新西兰英语、南非英语等，它们也各有自己的地区性的语词和语法。其他像印度英语、东南亚英语、加勒比地区英语和非洲某些新兴国家的英语，也都各自具有语音和词汇上的特点。

第二节　英语语言

　　语言是人类生活的中心。我们用语言沟通思想，交流经验；表达爱与憎，记载今与昔；计划生计，展望未来。能讲另一种语言意味着能够就业、能够移民、能够扩展知识、能够增加各种机遇，是竞争的优势条件，斗争的武器，才华显示的手段。所以，越来越多的人不只学一种语言。

一、语言的概念

　　语言的概念问题是语言学的一个基本问题，也是语言教学和英语教学论的基本问题。语言历经数百年乃至千年的研究，留下了许多专著和论文。它们从不同的角度，给语言下了定义。一种定义反映了一种观点、一个范畴、一种浓缩的理论、一个时期的研究成果。下面摘录一些较权威且具代表性的词典、教科书中给语言所下的定义：

　　（一）美国出版的辞典 American Heritage Dictionary of the English Language 给 Language 所下的定义是：

　　（1）The use by human beings of voice sounds, and often of written symbols that represent these sounds, in organized combinations and patterns to express and communicate thoughts and feelings.

　　（2）A system of words formed from such combinations and patterns, used by the people of a particular country or a group of people with shared history or set of traditions.

　　（3）A non-verbal method of communicating ideas, as by a system of signs, symbols or gestures: the language of algebra.

　　（4）Body language.

　　（5）The manner or means of communication between living creatures other than humans: the language of dolphins.

　　（6）Computer Sci.Machine language.

（二）上海辞书出版社出版的《语言与语言学词典》对"语言"的定义

语言是人类交际最重要的工具。语言是语言学研究的基本对象，语言学家从各个不同的观点探索"语言"这一概念。美国人类语言学家萨丕尔（E.Sapir，1884—1939）所下的定义是："语言是人类独有的、用任意创造出来的符号系统进行交流思想、感情和愿望的非本能的方法。"这一定义强调了语言的若干重要方面，虽然有些动物也有与人类语言有某些类似的交际系统，但语言仅仅是人类才有的活动，人类使用语言与同一语言集团的其他成员发生联系。然而，语言不仅是用作交际工具，而且是个人表达思想的手段。语言不是生来就会的，它必须被当作一个任意的习惯性的符号系统来学习。这类符号主要是指所谓发音器官发出的语音，但像文字和其他代码等第二系统可补充语音系统。索绪尔（F.deSaussure，1857—1913）等语言学家强调指出：应把语言和言语区别开，前者是语言集团言语的总模式，后者是在某种情况下个人的说话活动。乔姆斯基（N.Chomsky）等另一些语言学家则认为语言是说本族语的人理解和构成合乎语法句子的先天能力，是在某一时期内说出的实际话语。语言学家力图创立并发展充分的普通语言学理论，同时力图确立详细描写具体语言的专门方法。除了语言学家的定义外，其他学科专家对此也有所界定：如人类学家认为语言是文化行为的形式；社会学家认为语言是社会集团的成员之间的互相作用；文学家认为语言是艺术媒介；哲学家认为语言是解释人类经验的工具；语言教师则认为语言是一项技能。

（三）1989年版《辞海》缩印本对"语言"的解释

"语言是人类最重要的交际工具。它同思维有密切的关系，是人类思维和表达思想的手段，也是人类社会最基本的信息载体。人们借助语言保存和传递人类文明的成果。语言是人区别于其他动物的本质特征之一。共同的语言又常是民族的特征。语言是以语音为物质外壳、以语词为建筑材料，以语法为结构规律而构成的符号体系。语言是一种特殊的社会现象，它随着社会的产生而产生、发展而发展。语言没有阶级性，一视同仁地为社会各阶级服务。社会各阶级、阶层或社会集群也会影响到语言，因而造成语言在使用上的不同特点和差异。"①

---

① 夏征农，陈至立.辞海[M].上海：上海辞书出版社，2010.477.

（四）北京大学出版社出版的《语言学教程》则对"语言"下了一个简明而又普遍接受的定义

Language is a system of arbitrary vocal symbols used for human communication.

第一个定义包括"人类自然语言""人造语言""身势语言""动物语言""机器语言"。这从一个角度把语言做了分类，而我们所论及的语言是人类自然语言。

第二个和第三个定义则较全面概述了语言的意义、功能等，大同小异，视角不一样，同的是均认为语言是人类重要的交际工具，异的是前者从语言学角度讲的多，较系统并兼顾其他学科的观点。后者却从我国的认识出发，从社会语言学角度谈得较多并把语言同思维联系起来。

此外，还有一个定义比较简练，每一个英文词都蕴含着语言意义的重要方面，李延福教授做了翔实的论证。以上的四个定义只是许多定义中的一点点，仅从上述或更多的定义中得出一个完整且又确切的定义是不可能的，这是因为当今的语言学研究水平尚未达到这种水准，也因为语言涉及的面非常广，还因为我们对语言本质特性的认识有待提高。英语教师无须是语言学家，但需清醒地认识到自己教的语言如何适应语言这个大环境。如果对此毫无所知将难以胜任当今的英语教学工作。

二、语言的特性、结构及功能

语言是一个人类独有的、任意性的、有声的符号系统。语言的系统性意味着语言受规则制约。语言的任意性指语言单位和语言单位的意义之间没有逻辑关系。语言是任意性的，因此语言单位只是一些符号。语言是有声的，这意味着语言主要指口语，而书面语或"文"是第二性的。另外，语言是人类独有的。只有人类才有语言，动物之间的交际系统和人类语言之间有天壤之别。

从内部结构的角度来看，语言是一种符号系统，但其在信息量和结构、功能的复杂性方面远非其他符号系统，如莫尔斯电码、旗语、灯光交通信号等所能比及，后者对语言来说是第二性的。语言系统是一个复杂的整体，由各个分支系统或层次，如音位层次、词汇层次、语法层次等组成。语言成分由各种关系加以联结，成分和关系互相联系、互相制约，构成井然有序的系统。作为符号的语言单位具有两个重要方面：一是表现方面，即语音；二是内容方面，即语义。在语言单位中，音和义的结合是约定俗成的，什么样的语音形式表达什么样的意义内容，什么样的意义内容用什么样的语音形式表现最初是任意的。目前世界上有多达几千种语言。据联合国教科文组织最新发布的《濒危语言图谱》，全世界有约 7000 种语言，其中一半以上将在 21 世纪消亡，80%～90%将在未来 200 年灭绝。平均每 2 个星期就有一种语言消失。据统计，世界 80%的人讲 83 种主要语言，剩下 6000 多种语言绝大多数从没有过文字记载，没有字典、书，在任何图书馆或数据库都找不到它们的资料。一切信息只储存在人们的记忆里，因此尤其脆弱。德国学者汉斯·约阿西姆·施杜里希在《世界语言简史》（第 2 版）导言中也提到，地球上语言的数量"应该在 6000 种以上"，"据估计有二分之一正在面临着逐渐消失的危险"。另据德国出版的《语言学及语言交际工具问题手册》，现在世界上查明的有 5651 种语言。在这些语言中，有 1400 多种还没有被人们承认是独立的语言，或者是正在衰亡的语言。世界上之所以有多达几千种语言，就是因为人类创造语言时在选择语音形式表达意义内容方面的不一致，因而形成了不同的语言。一种语言的内部结构是一种语言区别于另一种语言的关键所在。不了解一种语言的内部结构，就无法辨认该语言的语音或书写的符号，并从中获取语义。没有掌握英语内部结构的人难以辨别 26 个字母不同排列组合后所表现的意思，不懂汉语的西方人也只会把汉字当成是奇形怪状的线条组合。然而，理解了语言的内部结构的符号系统并不意味着完全掌握了该语言符号的意义，即语义。语义的表达或理解，除了要了解和掌握一种语言的内部结构外，还要了解和掌握该语言的外部结构，即文化结构。一种语言的文化结构是使用该语言的人或民族的生活方式的总和，包括地理环境、民间传说、寓言神话、社会历史发展、风俗习惯、宗教信仰、价值观念、科学技术、文学艺术，等等。语言对物体或现象的指代是通过文化结构来实现的。生活在不同文化环境的人，对同一个语音或文字符号的理解是不同的。例如，生活在南半球的澳大利亚人对 Christmas（圣诞节）的概念就与生活在北半球的英国人和美国人不完全一样，只因澳大利亚人的圣诞节是在夏天，而英国人和美国人的圣诞节却在冬天。①

  从功能的角度来看，语言具有多方面的功能，这里择其要点概述如下：

  语言首先是交际的工具，供人们用来传递和交流信息。语言可以传递认知、人际、管理、法律、经济、军事、文化等信息。离开这些信息，人类社会就无法运行。是语言交际把人们聚合在一起，组成社会。诚然，语言还有其他功能，交际还有其他手段，但语言交际是人类交际最有效的手段，任何其他的交际手段都无法与之相比。语言用于认识和描写世界（许国璋，1991）。尽管交际是语言的首要功能，语言还可以用于<u>认识和描写世界</u>。早期的人们通过为事物命名来区分不同的事物。比如，实义词的出

---

① 平洪，张国扬. 英语习语与英美文化 [M]. 北京：外语教学与研究出版社，2000.6.7.

现就是给事物分类的：方向（东、南、西、北）、时间（年、月、日、时、分、秒）、数量（一、二、三、克、公斤、吨、厘米、米、公里）、质量（好、坏）、植物（松、柏、杨、柳）、动物（豺、狼、虎、豹）、气象（云、雨、风、霜）、天文（日、月、星）等。功能词则主要表示事物之间的关系："前、后"表示事物之间的方位关系或时间关系；"和、与"表示事物之间的并列关系；"但是、然而"表示事物之间的转折关系。人们学习词汇时，同时学习与词汇有关的概念："风"与"移动的气流"，"狗"与"四足的、有体毛的、犬科的豢养动物"，"堡垒"与"战争时防守用的建筑物"等。显然，没有语言，人们就不可能认识和描写世界。

　　语言是文化信息的容器和载体。文化信息就是指这些经验与知识，它们通过语言表述、储存或在人们中间交流。一切文化信息，语言都可以无限量承载，因此语言是人类文化的贮存库和文化凝聚体实在不为夸张。这也就是为什么我们可以通过读书、学习来获取知识，而不用事事亲身实践的道理。反之，如果没有语言作为文化信息的容器和载体，获取知识的唯一途径就只能是亲身实践。这样会大大限制人类知识的发展，人类也就绝达不到现在的文明程度和发展水平。

　　语言是思维的工具，供人们用来形成和表达思想。语言是思想的直接现实。语言的基本单位也与思维的基本范畴相对应：词与概念相对应，句子与判断相对应。人们也可以用手势和动作等手段来表达一定的思想，但它们只能起辅助的作用，语言才是思想最完善、最有效的载体。语言是积聚知识和信息的工具，它把人们思维活动和认识活动的成果用词和句子积聚并存贮起来，保存和反映了前人全部的经验和智慧，而后人通过学习就能掌握前人积累下来的知识和信息，不必一切从头做起。这些知识和信息正是特定民族（传统）文化的重要源泉，从这个意义上说，特定语言是特定文化的容器和载体。语言是表达感情和影响别人的工具，它既传递信息，又是艺术表现的媒介。语言具有美学功能，它的创造性也正是通过艺术的媒介而得到充分的体现。

三、语言观

　　对语言的不同看法和观点决定语言教学的路子和方法。认为语言是自治系统观点的人和认为语言是交际工具的人在教学路子和方法上肯定不一样。每次语言教学理论和语言教学方法的更换都含有对语言的不同观点。现他们已把纯粹的语言知识观扩展到语言的交际能力观。语言知识不再是教学的终极目标。

传统的文法翻译观认为语言是词汇和把词连成句子的规则，即语法。语法是一套规则，是语言的核心。人们按规则说话，按规定办事、行事，而这些规则、规定多半由拉丁语语法衍生而来。翻译则是学习语言的目标，也是学习语言的方法。因此，语言是一套规则，语言学习均以语言形式为主，强调记忆语法规则，例证语法规则就算学到了语言。死记硬背，满堂灌则是学习和教授的两大教学特征。

行为主义语言观用"刺激-反应"来研究人类行为，认为语言学习是一种习惯形成的过程，只要形成了语言习惯就算学到了语言。行为主义一词最早是由美国心理学家华生（J.B.Watson）为解释学习现象而创造的。行为主义者主张对人类行为进行客观的研究，强调采用实证主义的方法研究可观察到的行为。刺激-反应论是行为主义的理论基础。通过条件作用，人们建立起刺激与反应间的联系。复杂的行为是通过建立一系列的反应去学会的。行为主义者甚至将S-R（刺激-反应）原则应用于语言研究，视语言为一种人类行为。和人类的其他行为一样，语言也是通过习惯的养成而学会的。

结构主义语言观指出语言是一个独立、自治的系统，是由以音素到句子不同层次上结构成分组成的系统。该系统通过直接成分分析，把语言切分成音素、语素和句子成分，然后描写出语言复杂而规律的结构（Saussure，1916；Sapir，1921；Bloomfield，1933；Chomskc，1965）。结构主义对语言内部结构和规律的研究，丰富了我们对语言组织成分和结构内容的认知，然而它用孤立、抽象的视角来看待语言，只注重语言本身的结构却忽视了语言的社会功能。结构主义语言观的兴起对语言教学影响极大，它认为学习者只要学会语言发音和组音成词规则，学会了构词法、语法，可以用此组词成句，就学得了这种语言，20世纪60年代美国麦克米兰公司出版的《英语九百句》课本便是一例。英国著名的语法学家，EFL教师霍恩比（A.S.Hornby 1898—1978）潜心研究出的英语25种动词句型、6种名词句型和3种形容词句型基本涵盖了英语句子结构，这是句型研究上的突破进展，对语言结构的精辟描述起了很大作用。

交际法的语言观强调语言是人类交际的工具，是用以建立和维持人与人之间的关系的载体。交际法认为语言学习者除懂得词汇和语法外，还得知晓在各种不同场合使用语言的规则。即用什么语言，如何去做才算得体。要想了解语言使用的得体性，语言学习者就要知道句子层次以上和句子层次以下的结构和规则、非语言行为的文化规范和社会规范。这些规则共同决定语言在社会环境下使用的得体性。

我国对语言的观点基本上跟着国外语言教学界的观点走，经历从文法翻译到语言技能再到交际能力的发展过程。我国现在的语言观基本上是对国外语言观点的综合，如本节中《辞海》对语言的定义。主要原因是我国现在没有一个独特而又在世界上闻名的语言学理论。虽然1986年公布的《大学英语教学大纲》和1989年公布的《高等学校英语专业基础阶段英语教学大纲》在表述各自教学目的时没有使用"交际能力"这个语词，也没有培养学生英语交际能力的表述。然而，目前外语教学界对外语教学的基本目标已形成共识：开发学生的外语交际能力。

四、母语、第二语言、外国语

这里根据美国传统词典的定义把语言分成五类，这里我们再把五类之一的人类自然语言分成三类：母语、第二语言和外国语。它们的定义不同，对语言教学产生的影响也不同，值得深入研究。

母语（Mother Tongue）亦称本族语（Native Language）、第一语言（First Language），前两个术语同义，一般可以互相替换，第三个术语与第二语言相对，英文一般简写作L1。在Tove Skutnabb-Kangas著的Tospro gethed（双语）书中，提出了四种有关母语的不同定义：

（1）母语是一个人最先学习的语言。这也被称为一个人的第一语言。这个定义把一个人学习的第一种语言永远确定为他的母语。这种母语的定义是基于这种设想，一个人的第一语言是他的父母所讲的语言，因而孩子不必依靠父母或他人教授而可以自然地学会。

（2）母语是一个人在一定时期内掌握得最好的语言（技能性定义）。

（3）母语是一个人在一定时期内使用最多的那种语言（功能性定义）。这种语言有时也叫主要语言。

（4）母语是一个人识别自己或被他人识别的语言（识别性定义）。后三种母语的定义承认一个人可以在今后的生活中改变母语。一个人能够将另一门语言学得相当好，以至于同他的原有语言（第一语言）一样都达到母语的水平。或者一个人在某种环境下，不得不运用另一种语言，以至达到第一语言的程度，因而成为他的母语。最后，一个人也许改变为从属于另一语言群体的成员，因此他更多地使用另一种语言识别自己，而不是用原有的母语。母语指人在幼年通过和同一语言集团成员接触而自然掌握的语言，主要靠自然习得。母亲是启蒙教师，家庭和社会是课堂。幼儿以模仿为手段，自然而然形成语感。然而幼儿使用的语言与母亲的语言没有必然的联系，幼儿学习的语言有时未必是其母亲的语言。母语的另一个意义指同一语系中作为各种语言的共同始源语言，例如，拉丁语被认为是罗马尼亚语、意大利语、法语等罗曼语的母语，在此母语并非完全与本族语对等。

第二语言与第一语言相对，英文简写成L2，联合国教科文组织（UNESCO）给其下的定义是：除本族语以外的任何一种语言。这也是第二语言习得（Second Language Acquisition／SLA）理论中第二语言的含义。这种定义实际混淆了第二语言与外国语的区别。《语言教学的基本概念》一书给第二语言总结出两个定义：一个定义从语言学习的时间顺序上来定，指习得本族语后学习到的任何一种语言，这里又有两层意思：一层意思是在本族语的掌握还不完全的早期就开始学习的语言；另一层意思是在第一语言掌握基本完成的成年时学习的语言。第二个定义指语言掌握的程度，因本族语掌握的程度强于或高于后学习的语言，因此弱于或低于先习得的本族语，所以称作第二语言。除上述的意义外，第二语言尤其指在许多国家中所学的特指第二语言，如在新加坡、尼日利亚、印度，人们学习的英语，在加拿大魁北克省人们学习的法语或英语，在我国吉林省延边朝鲜族自治州汉族人学的朝语和朝鲜族人学习的汉语。这种第二语言习得有两种条件：一种条件是必须有社会环境，即讲这种语言的场合（一般在一个国家内）；第二种是一定有讲这种语言的人群可接触。这种语言的水平可达到相当的程度，通常具有官方地位和公认的作用。

外国语指不是母语或本国语言以外的任何语言，通常不是儿童时期习得而会，而是要通过正式的语言教学才能学到的语言。在一个国家内，外国语不像第二语言那样具有一定的官方地位和公认的社会功能。对于英美人来说，法语、西班牙语就是外国语，对于中国人来讲，英语、俄语等就是外国语。

第二章 英语语言学

第一节 语言学综述

本章首先对语言学进行大致的阐述，然后围绕语言学的六大分支及现代语言学中几个流派的理论，进行具体的探讨。

一、语言学概述

在通常情况下，语言学被定义为一门关于语言的科学或者是对语言的科学研究。每年，研究语言学的专家与学者都会写出大量专著、论文。对语言学研究的热情还表现在如"语言"、《语言学杂志》、"应用语言学"等学术专刊里和定期举办的学术会议上。

我们都知道，语言不仅对个人很重要，对人类社会的有效运转也很重要，加之语言本身结构复杂深奥，所以注定会吸引大批学者。这种关注会产生有应用价值的研究（如言语矫治、教育、翻译技巧等方面），会成为在学术上和经济上受欢迎的热门学科。语言学还极富理论研究价值，比如，索绪尔的结构主义对诸如社会研究、文学研究等一些相关社会学科产生了很大的影响。虽然我国的语言研究经历了悠久的历史，但是距达到"高峰"还有一段距离。

作为一门学科，语言学目前已经有一套成型的理论、方法和分支。在研究语料方面，是凭直觉还是要建语料库的争论已日渐淡去，因为人们已经意识到两者各有优势。而且随着计算机技术的来临，语料库语言学也飞速发展起来。莱昂斯（Lyons）在20世纪70年代就说过这样的话：语言学是经验性的而不是猜想的或直觉的，语言学研究要靠观察或实验得来的语料进行。现在我们期待着能有更多、更有效的研究方法，来对语言学研究进行细分和补充。

二、语言学的分类

一般来说，语言学可分为以下六大类：

（一）语音学

语音学（phonetics）研究语音，包括言语的产生（语音是如何产生、传递和接收的），还有语音的描写和分类、词语和连贯言语等。一旦决定对言语进行分析，我们可从不同层面着手。在一个层面上，言语分析涉及解剖学和生理学。由此我们研究舌头、喉等器官，以及它们在言语产生中发挥的作用。在另一层面上，我们专门研究这些器官产生的语音：先是辨认，然后将其归类。这是发音语音学（articulatory phonetics）的范畴。另外，我们也可以研究音波的性质—声学语音学（acoustic phonetics）。言语是要人听、要人理解的，因此就要研究听话人的分析和处理声波的方式方法——听觉语音学（auditory phonetics）。

（二）音系学

音系学（phonology）研究语音和音节的构成、分布和排列规则。它的研究对象是语言的语音系统，研究起点是音位（phoneme）。音位是语言学中能够区别意义的最小语音单位。英语中约有 45 个音位。举个简单的例子，把 /p/ 读 10 次，由于生理原因，每次的发音都会有些细微的不同。另外，/p/ 在 poo 和 soup 中的读音也不同，这是因为周围语音的影响不同，不过每个 /p/ 音还是相似的，不会和其他音位如 /b/ 或 /m/ 混淆。

语音学研究的是人类能够产生的语音，而音系学研究的是组成语言和意义的语音子集合体。前者研究的是无序状态，后者侧重有序。

（三）形态学

形态学（morphology）涉及词的内在结构。它研究最小的意义单位语素以及词的形成过程。许多人持有一种观点，即在语言中，词是最小的意义单位。但事实却并非如此，因为很多词都可以再分解成语素，所以语素才是语言中最小的单位。语素有多种用途，比如，有的改变意义或者词性从而产生新词；有的给已存在的词义增添语法信息或做细微的修正。由于语素是音义结合体，因此其中有不少复杂情况。由此产生了一个名为形态音系学（morphophonology）的新领域。

语言对形态成分的依赖程度不同。例如，在拉丁文中，意义是通过词尾形态变化而改变的。而在英语中，更多的是利用词语的顺序来改变意义。如 The dog sees the rabbit（狗看到兔子）。改变词语排列顺序后，该句变为 The rabbit sees the dog（兔子看到狗）。显而易见，句义就产生了变化。在拉丁文和俄语中，dog 和 rabbit 两词根据它们在句中是主语还是宾语分别添加不同形态的词尾，因此即使改变位置也不会对句子的意思产生影响。

（四）句法学

句法（syntax）是关于形成和理解正确英语句子的原则。句子形式和结构受句法规则支配，这些规则规定词语顺序、句子组织、词语间关系、词类及其他句子成分。

（五）语义学

语义学（semantics）研究的是语言中语义是如何编码的。它涉及的不仅是作为词汇单位的词语意义，还有语言中词之上和词之下成分的意义，如语素意义与句子意义。关键概念有语义成分、词的外延、词之间的意义关系（如反义关系 antonymy 和同义关系 synonymy），还有句子间的语义关系（如蕴涵 entailment 和预设 presupposition 等）。

（六）语用学

语用学（pragmatics）研究语境中的意义。它处理的是特定语境里的特定话语，注重社会语境对话语理解的影响。这也就意味着语用学研究的不是语言构造的方法，而是语言用来交际的方式。

语用学视言语行为首先为一种受社会习俗约束的社会行为。关键概念有所指（reference）、语力（fore）、语效（effect），而合作原则（cooperative principles）恐怕已经广为人知了。语用学是语言学研究中最有前途的领域之一。试以会话为例，由于语言主要通过语码传递，所以语用规则控制一定数量的会话互动，如顺序结构、错误修正、角色、言语行为等。会话组织包括轮流讲话、打开话题、会话持续及结束会话，还有建立及维持话题等。

第二节　英语语言学与英语教学

随着全球化的发展，英语语言在社会生活中的作用逐步凸显。在高校教学中，英语语言学的教育与应用是英语教学重要的组成部分，作为一种辅助性教学内容，其能有效地促进英语教学的发展与进步。本节在阐述英语语言内涵的基础上，对其研究的领域进行全面分析，并系统地讨论了其在英语教学中的具体应用，同时提出教学发展建议。以期有利于提升英语语言学的应用水平，推动英语教学的进一步发展。

当前环境下，英语已成为全球人际交往的重要沟通语言，被广泛地应用于社会生活的方方面面，对人们的日常生活产生着深刻的影响。因此，进行英语语言的学习也成为当前高校学生生活及学习的必要内容。近年来，我国不断推进新课程教育改革、探讨教育的科学性及应用性。在实践过程中，英语语言教学已经被广泛地落实到各大高校。在教学方法上，相关工作者也根据教学大纲的具体要求，探讨出灵活多变的听、说、读、写等相结合的教学方式。这种与学生互动式的教学方式充分地集合了英语语言的根本情况，并较为系统性地展示了其本质功能，对其规律性发展的研究具有重要的促进作用。由此可见，英语语言学与应用教学具有一定的互通性，要实现英语教学质量水平的不断提升，保证学生学习质量，就必须明确英语语言学和英语教学的内涵、关系，以及所扮演的角色等，并进行实际的应用探索。

一、英语语言学和英语教学的内涵及关系

一般情况下，语言学由语言科学和语言研究组成。从研究内容来看，复杂的语言系统是其主要的研究对象，并且，随着社会的发展，整个语言系统处于不断丰富和发展的过程中；从研究过程来看，语言学的研究具有整体性，是一个内部相互影响的综合过程，即在研究过程中，语言具有双重身份特征，不仅是研究的主要工具，也是研究的主体对象。近年来，学科之间的渗透使得语言学的学科界限逐渐模糊化，与哲学、心理学、计算机学科等研究相互影响和关联，共同形成了丰富多彩的社会语言体系。

（一）英语语言学的内涵

西方本土的社会环境是英语语言学产生的基础。在生活中，人们根据基本的社会习惯，将自身的行为按照一定的读音规则和语言结构进行表达，以此形成了专门研究语言的学科，即英语语言学。在一定程度上，英语语言是人们在自身语言选择的基础上形成的，因此，通过英语语言交流习惯及背景的研究，人们可以充分地了解其应用国家的社会背景、文化思维方式和行为习惯，而研究文化背景等能辅助当前英语语言的学习和掌握。这就使得在全球化背景下，高等院校要实现对英语语言的高效化教学，就必须系统化地对其语言学环境所涉及的社会、经济、文化、行为等内容进行全面把控。

（二）英语教学的内涵

英语教学是一个与英语语言学密切相关的社会实践过程。传统意义下，较多的学者将英语教学局限于高校课堂中的课堂实践。然而，随着研究的深入及英语语言学的进一步深化，英语教学的范围逐渐扩大化，其不仅包含了课堂模式下教师英语理论知识的传授，更包含了实际生活当中，英语语言在生活实践中的具体应用。譬如，在有较多的学生会在课堂之外进行英语语言的模仿、练习和训练，这种具体化的英语语言学应用能够提升学生的实际交流技能，其同样属于英语教学的重要组成部分。

（三）英语语言学与英语教学的关系

随着英语语言在国际交流中的作用进一步凸显，进行其语言特征及应用的教学已成为当前高校的必然选择。在实际教学过程中，要进一步提高英语语言学在英语课堂中的应用质量，最终推动英语教学事业的不断发展，就必须正确理解两者之间的影响关系。从学科分类上讲，英语教学是应用语言学的重要组成部分，而应用语言学同样属于语言学的范畴。英语教育工作者如从本质上进行英语语言学的研究探讨，就能够拓宽自身的教学事业，加深其对于教学大纲及语言学习本质的认识，推动相关教学活动的开展，进而实现知识传授质量的不断提升。可见，英语语言学能有效地辅助英语教学的开展，从语言学的角度进行英语教学工作实践势必也将成为未来教学方法发展的一个主要方向。

二、英语语言学的研究领域

语言类知识与技能的学习深受其应用领域的影响。从研究领域上看，英语语言学具有较广的应用范围，语言教学仅是其众多应用领域的一个组成部分。在两者的相互作用下，英语教学能推动该语言在其他领域的应用，此外，其应用过程也受到这些领域的影响。因此可以说，英语语言学的研究领域是语言学知识在英语教学中应用的基础。其具体研究领域如下：

（一）英语语言教学

英语教学形式的开展离不开英语语言学环境的影响和支撑。在英语语言学的推动下，我国高校英语教学的语言环境得到了明显改善，教学水平得到不断提升。实践证明，一旦高校没有良好的英语语言学环境，教学工作的开展仅凭英语教师的个人经验进行传授，则教学方式明显会变得单一化，使得教学内容枯燥、晦涩，影响学生的接受能力。在实际教学过程中，充分了解英语语言学的特点，对其作用进行研究，力争使得整个英语教学的过程具备语言学环境，且有系统性和原则性的理论指导，不失为我国英语语言教学工作得以顺利并且有效开展的方式之一。

（二）语言政策与计划

在全球化影响下，世界不同国家、地区之间的经济文化活动逐渐增多，加之人口迁移现象的频繁出现，使得世界文化交融与碰撞的趋势不断加强。在文化交流过程中，语言学的应用成为一种必然选择。作为当前应用最为广泛的一种语言，英语语言学在世界经济、政治、文化等领域的应用越来越深刻，有效地满足了人们对较多问题的解答，推动了社会不同文化环境下人们的沟通与理解。新时期，作为一种世界性的通用语言，我国从语言政策和技术上对英语极为重视和规范化，因此，在提升其应用地位的同时，对其实际的应用也提出更高的要求。

（三）专业领域应用

经济文化的发展使得语言学的交融趋势进一步加强，在学科内部，较多领域内的科目学习使得语言学环境出现庞杂化趋势，一旦不能科学地对各种理论知识进行规范和界限划分，势必造成学习过程和结果的混乱。基于此，专业化的语言学术语得以产生和应用；这些术语的应用推动了多个行业的发展，使得同行业领域内的专业化程度不断提升。其中，英语语言学的应用最为广泛，譬如，在航空领域，飞机从起飞到航行、再到降落指挥等都是通过英语进行交流和沟通的，这种规范性的语言应用使得整个操作过程更加清晰明确，保证了飞机飞行的安全性。由此可见，要实现专业领域的发展，就必须对英语语言学以及以此衍生的相关术语进行清晰的掌握，唯有如此，才能在提升英语语言学习的基础上，推动自身及教学的发展。

（四）语言翻译

翻译是英语语言学应用最为广泛的一个领域。世界经济文化交流过程中，不同地区人们的交流方式及语言应用明显具有差异性，这就使得整个交流过程的难度明显增加。当前环境下，语言翻译已成为英语语言学重要的应用领域之一，语言翻译充分地解决了不同地区之间人们的沟通障碍。在人工翻译的基础上，人们也在不断地进行翻译技术和设备的更新，使得智能翻译得以逐步推广和应用。然而，需要注意的是，直译是智能翻译的主要方式，这使得翻译的结果难免出现语法不通、用词不当等问题，影响人们的理解及应用。因此，在实践过程中要积极加强英语语言学的研究和学习，并将其落实到具体的教学实践及人才培养中。

三、英语语言学在英语教学中的实际应用

英语语言教学是一个专业性较强的实践过程，须将相关语言学研究的理论应用于课程及生活实践，旨在提高英语教学的水平和质量。从应用过程来看，英语语言学的实际应用应该以基本的英语教学特点为前提，确保英语语言学在英语教学中应用的科学合理。

（一）英语教学的基本特点

英语教学的社会性特征主要表现在两个方面：一方面，语言环境和氛围的制造是英语语言教学的基本特征。众所周知，人们的知识观念并非生而知之，而是在长期性的社会实践中不断地锻炼和培养获得的，良好的环境氛围有助于人们对知识的理解和掌握，英语语言的学习与应用也是如此。因此，要实现英语的熟练掌握，教师在进行基本的听写、阅读、表达、交流的基础上，应注重环境影响的渗透，通过优秀的英语语言环境实现教学能力及水平的提升，确保学生的语境分析能力和实践应用能力。

另一方面，语言创新是英语教学的重要方式之一；要明确进行社会生活的实际应

用是进行英语语言学习的根本目的。在教学实践过程中，只有充分发挥学生的主体地位，不断提高学生对英语语言的自主学习能力和创新能力，才能实现英语教学质量和学习质量的不断提升，进而系统地掌握英语语言的使用规律和应用本质，满足国家及社会对英语人才的实际需求。

（二）英语语言学在英语教学中的应用表现

通过英语语言学的研究及教学特点分析可知：语言的实践应用是英语教学及学习的重点。作为整个学习的必要环节，英语语言本质的了解离不开基本的语言特征学习。将英语语言应用于实际的教学是一次教育方式的重大变革，这种创新不仅能改善英语教学的基本环境，更能在提高教师教授水平的基础上，实现学生学习积极性和主动性的提升。

1. 英语教学中的语音音位应用

语音的辨义作用是音位归纳总结的基础。实践过程中，人们根据语言社会属性的不同，将语言分为不同的语义单元，这些语义单元是英语语言学的核心所造。在英语教学过程中，语义的区分主要以音位变化来进行表示；其中元音音标和辅音音标是英语语言研究范围内音位的主要内容。对于教师而言，系统性地掌握音标发音部位的变化至关重要，因为只有灵活地运用发音组合，才能实现英语口语表达的准确、纯正和地道；而这种清晰化、明确化的英语单词和句子朗读有助于学生的学习和成长，促使其表达能力的不断提升。

当前环境下，我国虽然推进英语语言学教学环境的改善，但仍有较多的高校存在英语语言学教学氛围不强的局面；使得学生的口语能力和听力能力大大减弱。在高校内部，有部分学生有较为优秀的书写能力，却不能准确地读出英语单词的发音。最为突出的现象是重音的发音比较混乱，部分学生在阅读过程中，语调中经常混入汉语发音的基本规则。尤其在一些长音节单词发音时，有较多的学生会出现发音不准、重音不清的现象，如 inspection，internationalization 等。这些音位的模糊使得学生的英语表达能力受到严重影响，因此，音位的教学是英语教学的重点和难点，应该广泛地应用于现代高校英语教育。

2. 英语教学中的构词词形应用

构词法的学习能够有效提高学生的英语单词记忆能力和水平。在高校英语学习过程中，各种阅读资料会涉及大量的专业性词汇及词组，这些词组的复杂性较高，一旦学生不能科学地掌握构词法则，势必造成单词记忆难度的增加，不利于知识的记忆及应用。比如，派生法、合成法、转化法、缩略法、混成法是英语构词法则的常见方式。通过对这些方式的学习，高校学生在实际阅读中就可以利用这些规律对复杂词汇进行解构剖析，实现词组的快速、牢固记忆。

对于学生而言，充足的词汇量积累是提高英语学习能力，并顺利进行高效阅读的基础。然而，单词记忆难度大、记忆过程枯燥、记忆效果较差是较多学生英语学习的突出问题；如何解决这些问题是高校英语教育工作者必须时时思考的重要课题。在实践过程中，构词法的应用为这个问题的解决提供了可能。譬如，在英语单词记忆过程中，构词法的词根记忆是一种有效的记忆方式，这种记忆方式有效地提高了学生的对词汇记忆的兴趣，使得学生抽象思维能力明显提升，提升单词记忆能力和水平。譬如，单词考古学的英文表述为 archaeology，则其前缀和后缀分别是 archaeo 和 logy，在充分掌握这些规律的基础上，学生即可实现相同词缀单词的学习和记忆，譬如，ancestral，criminology，meteorology，psychology 等。学生要想单独记忆"祖传的""犯罪学""气象学""心理学"这些单词是非常困难烦琐的，而通过词根的应用，就可以实现单词记忆的简单化，避免了较长字母组合对单词记忆的影响。

3. 英语教学中的认知语言应用

作为语言学的一个重要分支，认知语言学的应用使得整个语言环境具有丰富性，极大地提升了英语语言的美感。隐喻、转喻、范围、概念合成等都是英语认知语言的重要研究内容。作为一种重要的认知解读方式，其将客观世界的认知规律应用于实际的语言解读，在实现语言环境优美化的同时，提升了人们对于表述事物的深层次理解。

在英语教学中，加深学生对这种认知语言的理解是其学习的重要任务。具体而言，这种隐喻性的认知表达与语言的使用环境和背景具有直接关系；譬如，Silence is golden；又如，Steamboat decks teemed not only with the main current of pioneering humanity, but its flotsam of hustlers, gamblers, and thugs as well 等。这些句子就应用了隐喻的修辞手法，将时间看作黄金，将水面上的碎片或货物喻成流离失所者和无业游民。教师只有充分了解到英语表达中这种认知语言的应用，并加强其讲解和学习，才能实现学生对英语语言背景及内涵的有效理解和把控，进一步提升自身的英语阅读能力和应用能力。

四、英语语言学在教学应用中的思考

长期以来，我国的各大高校均设立英语教学，并为国家培养了一大批英语认知能力很强的专业人才，然而，随着全球化趋势的加强，国家及社会对英语认知的专业性程度要求越高，价值学科之间、行业之间跨领域交叉、融合的趋势明显增强。传统模式下的英语教学注重认识和书写，这种方式培养的英语人才已不能满足时代的发展要求，故需进行教育方式的变革与创新。

事实上，英语语言学的应用为英语教学的开展指明了发展道路。当前环境下，我国已逐步开始英语语言学在英语教学中的实践应用，这对于改善教学环境，提升英语教学质量具有深刻影响，其势必为学生的英语学习奠定良好的环境基础。就实践过程来看，英语语言学在英语教学中的应用离不开我国基本的国情，高校英语教育工作者要充分结合社会的发展现状，分层次、针对性地引入英语知识背景，并在教学中建立完整的理论体系，通过合理的方法实现英语语言环境与英语教学的充分结合，唯有如此，才能提升英语语言学的应用水平，进一步改善并提高教学质量。

英语语言学的教学应用对于整个教学实践具有重要影响。课程改革的深入对英语语言学应用提出了更高要求，教育工作者只有在其指导下，系统性地运用相关教学规律进行英语语言学的分析与探讨，才能实现英语语言环境的建立，从而提升教学实践中的问题解决能力，改善英语教学的整体质量，从而促进学生发展。

第三节 英语语言学的形成史

随着目前全球化的逐步加剧，英语已经成为人类交流的一个重要的工具。目前，为了响应全球化的号召，我国将这一属于拉丁语系的语言投入日常的使用与学习中，而这一经历了三个时期变化改善的语种已经成为我们生活的一部分。为了文章的准确性与科学性，本节作者主要通过论述英语语言学初期发展与现代英语语言学发展进程两个方面，具体为我们展现出英语语言学的发展历程，从而表述出英语对于我们日常生活的必要性。

随着世界经济一体化的完成，世界各国的联系越来越密切，英语作为一种交流工具，被我们广泛地使用着。然而，这并不是目前才存在的现象。根据相关的数据与资料记载，英语语言学在发展的进程中，一直占有一个重要的地位。正是因为英语语言的全球化使用，各国人民的交流才能够越来越密切、货物的流动才能够越来越频繁、经济的发展才能够越来越繁荣；相反地，也正是因为贸易往来越来越顺利，英语语言才能够越来越改善，越来越适合日常的交流。本节作者希望通过探析英语语言学的形成过程，重点阐释英语语言对于人类交流的重要性。

一、英语语言学的初期发展

在1564年，多雨的伦敦诞生了一位伟人，我们尊称他为"莎翁"。而这位"时代的灵魂"，在之后的五十二年光辉岁月之中，留下了三十七部戏剧与大量诗歌。这些戏剧深受各阶层人民的喜爱，甚至在17世纪初，莎士比亚的戏剧传入北欧各国，不仅对他国的戏剧创作产生了重要的影响，还推动了英语语言学在他国的传播，促使各国知识分子对英语语言的学习。而这便是英语语言学的最初世界扩张。

19世纪，英国文学史上出现了两位巨星，他们分别是拜伦与雪莱。这两位文学家创造了大量的文学作品，从此，英语语言不再是一种分离于体系之外的语言体系，而学者们也不再在只是研究英语语言的语法现象与语言规律，他们更多的是注重英语语言的社会表达与人文联系。

二、现代英语语言学发展进程

英语语言学的现代发展是从世界大战开始算起的。英国凭借着"一战"的战胜国与"二战"的反法西斯身份，在国际中获有重要的国际地位，英语语言从此成为国际首席交流语言。为了保障经济的发展，各国将英语语言逐步规划为有必要学习的对象，并逐步扩大学习的人群与学习的范围。英语语言迎来了一个发展高峰期。1957年，随着《句法结构》一书的出现更是在世界中掀起了巨大的学习浪潮。每一位绅士淑女以学习英语为自豪，以掌握标准的英语语法与伦敦口音为骄傲。一时间，每一位异国者都会因为这本书的指示，将更多的精力与资金投入学习语言中，而不是研究英语语言。从此，英语语言在传播的进程中，也不断改善其本质与内涵。英语语言学不仅仅只是注重传播与交流，更多的则是提升了英语语言学本身的价值，将英语语言融入人们日常的交流交往中，推动英语语言的改善与发展。可以说，在现代英语语言学发展中，人们已经不局限于原先的强制性学习，更多的是为了本国的利益与发展，并将英语作为一种世界交流工具，而主动去学习英语。

沟通，这一行为方式对于人类来说，异常重要。正是因为存在沟通，人类才能够维系正常的日常活动与社交关系，才能够不断进步与发展自己。而人类的发展又是由于语言的统一才得以维持。因为各地的人民可以通过一种语言进行沟通，才能够推动贸易的往来与经济的发展，甚至有效地使用语言，能够推动各国的文化交融，提升各国人民的知识储备与信息往来。

第四节　英语语言学教学方法

英语语言学是英语教学中的必修课程，对于提升学生的语言学习能力和创新能力具有重要的作用。这门课程的理论知识点相对较多，难度比较大，属于理论思想课程，这就在一定程度上加大了英语语言教学的难度。在现在的教师授课过程中，主要是教学老师在课堂上讲授理论知识点，属于主动学习；学生在课堂上被动接受知识，来不及自己思考和锻炼，属于被动学习。并且教学内容相对单一等问题使得英语语言教学的成效很低，因此探究合适的英语语言教学方法显得势在必行。

一、英语语言教学方法现状分析

作为英语教学中的必修课程，英语语言学的教学方法一直都受到了教学老师的普遍关注。英语语言学理论知识多并且知识内容相对抽象，并且学习的过程又是外语，从而加大了英语语言学的学习难度。在英语语言教学中，探索出合适的教学方法是教学老师追求的目标。但是现在的教学方法具有如下特征。

（一）传统教师授课，学生听课为主

在现有的教学中，教师一直都是出于主动教学地位。在授课过程中，教师讲授英语语言学的理论知识点，学生主要在课堂上记录教师讲授的知识点，并且记忆。这种教学方法使得教师和学生之间的互动很少，不能更好地满足学生的创新性和自主学习的需求，在一定程度上影响了学生的学习效果。在被动接受理论知识的学习过程中，学生对于语言学的思考将会降低。在现有的课程教学中，加强学生的思考能力十分重要。比如在教学过程中，针对一个语法知识点，教师只是传授理论知识，让学生记忆

而不是让其举例思考，加强学习的强度，那么学生对于这个知识点掌握得将不会很深入，难以达到预想的效果。

（二）教学内容单一

英语语言学作为英语教学中的重要内容，属于理论教学的课程，具有一定的教学规律。但是在现有的教学方法下，英语教学内容比较单一，难以满足现有的教学需求。现在的教材主要采用戴炜栋、何兆熊主编的《新编简明英语语言学教程》、刘润清、文旭主编的《新编语言学教程》和胡壮麟等主编的《语言学教程》等，教师授课主要以教材为主。并且这些教材理论知识点多，内容相对深奥，学生对于其的接受能力相对较低。由于教学老师授课主要以教材为主，使得教学内容十分单一，难以满足学生的学习需求。

（三）语法记忆难度大

英语语言学习中最重要的是英语语法的记忆，但是英语语法记忆对于学生来说是一个比较头疼的问题。在教学过程中，英语语法的学习主要是学生纯靠记忆来进行，但是如果掌握不了记忆方法将会很难进行。如 informative, duality 等这些词要记住十分麻烦，不能掌握很好的记忆方法将会阻碍学生的学习效率。那么探究合适的语法记忆显得尤为重要。

（四）教学评价体系不完善

检验教师的教学效果主要依靠教学评价体系来完成，教学评价体系主要是学生在学习过程中，对于教师的教学方法来进行评析，教师评价学生的学习效果和态度从而促进教学方法的改进。但是在现有的教学环境下，教学评价体系相对不足。主要表现在教师仅仅是看学生的考试成绩，对于其他素质的了解不够深入就下结论。因此，探索出合适的教学评价体系对于英语语言教学具有十分重要的作用。

二、改进英语语言教学方法探析

英语语言教学方法现存的问题严重阻碍了英语语言教学的发展，因此改进现有的英语语言教学方法显得十分重要。笔者主要针对自己在教学过程中，发现的问题和结合自己对于教学的思考主要提出以下的方法来促进英语语言教学的发展。

（一）共建师生和谐学习氛围

英语语言学由于其理论知识多，内容相对深奥，教学方法比较呆板。因此在教学过程中，应该积极建立师生和谐的学习氛围，从而提升学习的效率。在教学过程中，应该改变传统的教师纯讲授知识点，学生被动接受的现象，要鼓励学生积极进行思考，融入课程中，作为学习的主人。比如在教学过程中，教师可以带动学生做课堂小游戏或者是进行情景对话练习，比如进行英语单词拼写比赛或者是词语接龙，在有的小短剧中可以让学生进行情景练习从而加深对于文章句子的理解，体会文章的思想情感。和谐的课堂氛围可以提升学生对于英语语言学习的兴趣和加快英语学习的速度，这对于英语语言教学具有一定的指导意义。

（二）建立理论框架学习

英语语言的理论知识点相对较多，因此建立一个系统的理论框架学习显得十分必要。英语理论学注重逻辑，在教学过程中如果不能形成一个系统的框架，那么在学习的过程中学生对于英语语言的学习将会在脑海中形成零星的碎片，难以形成系统化的知识点，难以取得理想的学习效果。词有音（sound），形（sign），义（meaning），因此对于具体的英语学习掌握这些音、形、义十分重要。在教学过程中，教学老师首先要根据学习的内容，在教学的第一章或者第一篇的时候以图的形式把文章的内容，建立一个理论知识点，这对于学生在接下来的学习中提升学生的学习兴趣具有十分重要的作用。接着讲授语言的分支，让学生了解到语言的产生、传播和接受的过程，然后进行不同的语音分类，了解了整个过程，那么学生对于语言的理论知识的学习将会更加容易接受。

（三）发展术语记忆方法

英语语言学习中记忆占有比较重要的地位，在英语教学过程中，探索出适当的记忆方法对于学生英语语言的学习十分重要。英语语言中，术语占据了很大的比重，并且英语语言中术语相对比较难以理解和把握，在学习中如果单纯依靠死记硬背去背单词和语法学习效率将会十分低下，并且会使得学生失去对于英语语言学习的兴趣。在实际教学中，我们可以采取术语记忆方法，在某些单词中寻找之间的联系，从而促进对于单词语法的记忆。如记忆 informative，duality 等单词，这样看着是属于一个比较难的词汇，但是这些单词与一些简单的单词具有相关联性，如 inform（information）， dual 等，在掌握后面的单词之后对于前面的单词词汇的学习将会十分容易。因此，在英语语言学教学过程中，加强学生的术语记忆方法对于学生语法单词语言的学习具有十分重要的地位。

（四）建立多元评价体系

教学评价体系在教学方法中占有重要的比重，教学评价体系对于提升教学质量和学生的教学兴趣比较重要，因此建立多元教学评价体系势在必行。在英语语言学教学评价中不能仅仅是参考学生的期末考试成绩，还应该从多方面来进行评价，如学习的积极性、学习过程中的参与性和学习态度等。只有从多方面因素来进行考评才能发现现有的学生的学习情况。多元教学评价体系改变了传统的教学过程中只重结果不重过程的思维模式，从多方面对学生进行考量，从而对学生的学习兴趣和学习效果进行评估，做到因材施教提升教学效果。并且，在教学评价中，还应该重视学生对于教师的评价，学生通过对教师在教学过程中的方法和能力进行评价，从而可以反映出学生对于教师的态度和学习的态度，进而改变错误的教学方法，提升教学质量。多元教学评价体系的运用对于促进现有的教学质量和教学方法十分重要。

（五）联系抽象语言与具体实例

英语语言学具有丰富的理论知识点，学生对于理论知识点的掌握是依靠教师在课堂上的讲授而获得的。但是传统的教学方法下，教学老师以理论知识为重点，主要传授具体的英语理论知识很少联合现实中的具体案例来进行分析，从而导致了学习与实际相脱离。虽然语言学具有大量的理论知识，但是理论来自实践，是在实际生活中产生出来的，并且应该用它来指导实践。因此，在英语语言学的学习过程中，把英语语言学的具体理论和具体的实例相结合，将会使得学生更好地掌握英语语言学。

（六）引导学生积极思考

传统的英语语言学习中，对于学生的个人思考培养相对较少，主要是要求学生具有较强的记忆能力和学习能力。在学习的过程中，教学老师应该以培养学生的积极思考为重点，进行练习。教学中的思考能力培养对于学生在今后遇到难题的时候会考虑合适的解决方案，从而促进问题的解决。其实，不论是在英语语言的教学中还是在其他课程的学习中，思考能力的培养都是十分重要的。

由此可见，英语语言教学方法的改进主要是针对当前英语语言学教学而进行，对于提升学生的学习能力和创新能力尤为重要。本节主要分析了当前英语语言教学方法存在的教师授课学生听课、教学内容单一、语法记忆难度大和教学评价体系不完善等问题，从而根据笔者自身的教学经验提出相应的改进措施，这对于英语语言学教学具有十分重要的作用。在教学过程中，应该以学生的主动性为基础，建立合理的理论框架，建立多元的教学评价体系等完善教学方法从而在师生间建立和谐的学习环境，在师生的共同努力下，解决教学方法存在的问题，展现英语语言的魅力优化教学方法。

第五节 多维视角下的英语语言学

英语语言学研究是当今语言文化领域研究的重点内容。现今的英语语言学研究主要运用的是多维视角，不同以往的单一视角。多维视角下的英语语言学研究结合了哲学、文化、政治学领域的知识。充分运用哲学、文化学、政治学的思想知识来促进对英语语言学的理解研究。对英语语言学进行多维视角研究的意义十分突出，不仅增强了学习个体对英语语言学的再认识，也促进了英语语言学整体研究领域的进步。

全球一体化的推进，使得世界各国交流日益频繁。作为全球第一语言的英语，肩负着为各国交流提供便利的重任。英语的作用日益突出，对其的研究也十分众多。而语言学又是人类文明进步的一种象征，语言学研究的深入与否，关系到整个科学文化领域的发展，对英语语言学的研究更是重中之重。如今随着研究技术和研究思维的进步，对英语语言学的研究不再是单一片面的定向研究，而是集深度与广度于一身的多维研究，将视野放宽放远的一种研究。

一、多维视角下英语语言学研究的视角类型

（一）视角之一——哲学视角

"语言学家的工作很大程度上以哲学家的概念和框架为基础，为出发点。"由此可见，语言学和哲学的关系是极为密切的，英语语言学与哲学的关系亦是如此。中外不乏在哲学视角下对英语语言学进行研究的学者，例如，英国语言哲学家维特根

斯坦，他在其《逻辑哲学论》一书中曾提出这样一种主张，即语言所能表达的内容，便可成为哲学研究的对象，也是首次建构了语言哲学体系，提出并主张将哲学思想引入语言学研究。维特根斯坦认为，发言人的语言与其自身所处的环境有十分重要的关联，不同的环境可能造成语言意义的不同，以及人的语言习惯也会影响表达效果。这种研究语言的哲学思想为语言研究提供了新方法和新思路，以及新方向和新视角。

在哲学视角下的英语语言学研究，继承了这一研究思想，将英语语言学蕴含的价值更深层次地展现出来了。语言是人与人之间沟通交流的工具，英语语言更是全人类共同认可的交流语言。英语语言同其他民族语言一样，都是经过大脑思维思索后的产物，每一句语言都在一定程度上包含着发言者的价值观、人生观、世界观等。从此角度分析可知，哲学视角下的英语语言学已不再是单纯的单词组合，而是具有哲学审美意义的语言学科。

（二）视角之二——文化学视角

语言作为传承和展现文化的载体之一，具有不可替代性。对英语语言学的探讨和研究是不同文化之间的交流和碰撞，乃至融合创新的过程。英语和汉语一样，所有的单词并不是随意排列组合的，也不是由沿袭传统而来，而是经过历代的沉淀和积累产生的，这是整个民族和时代的语言。"去其糟粕取其精华"是英语语言学得以发展的动力。每一种语言的形成都离不开整个民族的文化大环境，这种文化环境为语言的积累和传播提供了良好的空间，每一种语言也是反映了这个民族的文化精神。

文化学视角之下的英语语言学研究，需要结合各国的民族文化及其文化精神。不断延伸英语语言学研究的触角，才能使得研究更为透彻和深刻。比如，对英语多义词汇的研究，就需要结合其本民族的文化背景和文化历史，不能闭门造车，盲目探究。

二、多维视角下英语语言学研究的意义

一般来说，不以英语为母语的人，都是通过后天的学习来了解并使用英语交流。除了在校集体学习之外，大多数人是单独经历从接触英语到使用英语这一过程。每一个学习英语的人都是一种作为独立个体的存在。于多数人而言，学习英语的最终目的是日常交流或是工作。一个人在这种具有压迫性的环境下学习英语时，往往具有很强

目的性，急于速成的愿望常常使得人们无法真正认识到英语语言学的真正魅力所在。多维视角下的英语语言学研究结合哲学、文化学、政治学，构建一种突破传统的研究方式，从多个角度分析英语语言学的深刻意义，对增强个体对英语语言学的具体认识具有重要意义。

第三章 英语语言文化

第一节 文化与语言的文化属性

文化是一个复杂的概念。稍加考察我们便会发现,"文化"一词包罗万象,似乎很难具体把握。着眼于语言学习,我们认为,文化表现为一定的语言模式和一定的行为方式,这些被共同接受并采用的言行模式及其传播方式,使我们在某一特定的时间内,生活于具有一定技术技能并受到一定的地理环境限制的社会之中。

一、什么是文化

文化的定义是最难归纳概括的,假如大家接触一些文化学方面的著作或者留心报纸杂志上的一些文章就会知道,文化的定义有一百多种。关于文化的定义,当今世界还没有一个统一的界定,可谓是仁者见仁,智者见智,众说纷纭,莫衷一是。"文化"在中国是一个古老的词汇。早在先秦时代,《易经》贲卦的象辞中就将"文"与"化"连缀起来使用:"刚柔交错,天文也;文明以止,人文也。观乎天文,以察时变;观乎人文,以化成天下。"(《易·贲卦·象传》)这里人文与天文相对,天文指天道自然,人文是指社会人伦。所谓"人文化成天下",含有文化出于自然而又能驾驭自然的意思,而人文活动便是人们对自然现象所做出的认知、重组、改造和利用的活动。西汉以后,文献中正式出现了"文化"一词,如"凡武之兴,为不服也;文化不改,然后加诛"(刘向:《说苑·指武》),"文化内辑,武功外悠"(《文选》,束皙:《补亡诗》)等。此时"文化"主要是指与武力征服相对应的文治教化,侧重于精神层面的影响。

从西文的语源来看,德文 kultur、英文和法文 culture 都源自拉丁文 cultura,其本义即为"耕种"和"作物培育"。英文中的"农业"agriculture、"园艺"horticulture

都源于culture。人类的开垦种植，是人类对外部自然世界有目的的改造活动，象征着人类文明生活的开始与演变。尔后，与古代西方人从认识自然转向认识自身的逻辑转折相适应，culture一词也产生转义，在原义的基础上融进了"培养""教育""发展""尊重"等内容，最终主要用来指称人类的精神领域。公元1世纪，古罗马政论家西塞罗（M.T.Cicero）使用了"耕耘智慧"（culture mentis）一词，其义与"哲学"等同。到了18世纪，法国启蒙思想家伏尔泰（Voltaire）等在更广泛的意义上使用"文化"一词，用以指人类心灵、智慧、情操、风尚的化育，其义与education（教化）相近。1952年，美国文化人类学家克罗伯和克拉克洪合著了《文化——有关概念和定义的回顾》一书，其中列举的西方学术界从1871年到1951年80年间出现的各种文化定义达160余种。1952年以后，世界各地关于"文化"的新定义更是层出不穷，据统计到现在已有260种之多。不同的学者在使用"文化"这个词汇的时候会有自己的侧重，一般来说，在使用文化这个词的时候，有宽和窄的两种定义。宽泛地说，文化的实质性含义是人类本体通过社会实践活动，适应、利用、改造自然界客体而逐步实现自身价值观念的过程。在这个过程中，凡是超越本能的、人类有意识地作用于自然界和社会的一切活动及其结果，都属于文化。

可见，古代东西方对"文化"的认识虽不乏相通之处，但在理解的层次上存在着明显的差异。在我国古代文献中，"文化"一词有着特定的辞意指向，词源意义仅限于社会人伦方面，大体是指文治教化和社会伦理规范而言，并不具备现代意义上的"文化"蕴涵。对文化的这种理解，在我国一直持续到近代。而西方人使"文化"具备了双重意义：一是人对土地的耕作，使外在自然人化；二是通过教育和培养的过程使人具有理想公民的素质，使内在自然人化。这种双重意义的"文化"含义正是现代意义上的"文化"含义的最初胚胎。[①]我们现在通用的"文化"一词，首先是日本学者在译介西方有关词汇时，使用了源自中国的"文化"一词，然后又由留日学生再从东土把它引渡回国。经过这一番转折，"文化"一词被赋予了更为深广的意蕴。[②]简而言之，自然的"人化"就是文化，这个定义很宽。而要窄的定义的话，至少应该包括一个民族的精神生产及其成果的结晶。英国文化学家泰勒在他的《原始文化》一书中，对狭义"文化"做了一个经典的界说，即文化"乃是包括知识、信仰、艺术、道德、法律、习俗和任何人作为一名社会成员而获得的能力和习惯在内的复杂整体"。那么什么是

---

① 马波. 现代旅游文化学[M]. 山东：青岛出版社，2001.1.3.

② 汪澍白. 二十世纪中国文化史论[M]. 北京：中国青年出版社，1999.4.

文化呢？我们可以回答，文化是一个民族整体生活方式和它的价值系统。

现代文化人类学认为"文化"具有如下四个本质特征：

文化是经由社会习得的，而非遗传获得的；

文化是一个社团所共有的，而非某一个人所独有的；

文化具有象征性，语言是文化中最重要的象征系统；

文化是一个统一的整体，文化中的每一方面都和其他方面相互关联。

文化人类学家在分析文化构成时，一般把文化分成至少四大系统，即技术－经济系统（包括生态、生产、交换和分配方式、科学技术、人工制品等）、社会系统（包括阶级、群体、亲属制度、政治、法律、教育、风俗习惯、通史等）、观念系统（包括宇宙观、宗教、巫术、民间信仰、艺术创造和意象、价值观、认识和思想方式等）和语言系统（包括音系学、字位学、语法和语义学）。[①] 这几大系统包罗万象，构成了所谓"广义文化"，亦作"大写C文化"；与之相对，"狭义文化"排除人类社会历史生活中关于物质创造活动及其结果的部分，专注于精神创造活动及其结果，又称"小写c文化"。英国19世纪人类学家泰勒(Edward B.Tylor)在《原始文化》(*Primitive Culture*)一书中提出："文化或文明是一个复合体，包括知识、信仰、艺术、道德、法律、风俗，以及人在社会中获得的所有能力和习惯。"

此论可谓"狭义文化"的早期经典界说。依据《现代汉语词典》的解释，"文化"是"人类在社会历史发展过程中所创造的物质财富和精神财富的总和，特指精神财富"，[②] 此"文化"当属"狭义文化"。一般而言，凡涉及精神创造领域的文化现象，均属"狭义文化"。这里意在使读者了解语言与文化的关系，特别是英语与英语民族文化的关系及英汉语言文化对比，行文内容自然要对"狭义文化"有所侧重。不过这并不意味着我们的讨论仅仅局限于"狭义文化"之内，本书也涉及"广义文化"的一些内容。

二、文化的产生

文化的萌生是和人类的起源密切联系在一起的，即人类的历史和文化的历史是同时出现的。马克思主义经典作家科学地论述了劳动在从猿到人转变过程中的主导作用，得出劳动创造了人的精辟结论，同样，人类也恰恰是在劳动中创造了文化。在和

[①] 方梦之.译学辞典[M].上海：上海外语教育出版社，2004.305.

[②] 引自《现代汉语词典》一文。

人类一起产生的人类社会中，人类在同客观的物质世界发生这样或那样的联系中，创造着物质的和精神的文化，文化是人认识和改造客观世界的产物。马克思在《资本论》中指出："劳动首先是人和自然之间的过程，是人以自身的活动来引起、调整和控制人和自然之间的物质变换的过程。人自身作为一种自然力与自然物质相对立。为了在对自身生活有用的形式上占有自然物质，人就使他身上的自然力——臂和腿、头和手运动起来。当他通过这种运动作用于他身外的自然并改变自然时，也就同时改变了他自身的自然。"人在改变自然的同时也在改变着自己，正是在这些改变中，即人类在多种形式的劳动中，创造了文化。

许多学者认为，地理环境对文化发展有决定性的作用。从古希腊的亚里士多德（Aristotle）到法国启蒙思想家孟德斯鸠（Montesquieu）等均持此论。如孟德斯鸠在《论法的精神》中说："热带民族和老人一样胆怯；寒带民族则像青年一样勇敢。"近代美国地理学家亨廷顿（Eusworth Huntington）尤其注重气候对文化产生的影响，他在20世纪初叶出版的《气候因素》（*The Climate Factor*）、《文明与气候》（*Civilization and Climate*）以及《文明的源头》（*MainsPrings of Civilization*）等著作中指出，气候条件不良，太热、太干、太冷、太湿的地区如雨林地带、沙漠地带、北极圈等，很难有较高的文化。适宜文化发展的气候，其温度应介于3.3摄氏度至17.7摄氏度，湿度平均在75%左右。最显著的例子就是玛雅（Mayan）文化，此文化于600年至900年间在墨西哥尤卡坦半岛、洪都拉斯和危地马拉处于鼎盛时期，在农业、文字、天文、数学和建筑等方面取得了辉煌的成就。后来此文化衰竭固有其他因素（如部落间的战争），但主要原因在于气候变迁，持续而反复加重的干旱对玛雅低地的农业造成了破坏性影响，过多的人口和农业歉收带来的资源压力，加上统治者管理和应对危机上的失误加剧了社会矛盾，导致社会运转系统瓦解，最终摧垮了玛雅文明。另外，英国历史哲学家汤因比（Arnold J.Toynbee）在《历史的研究》（*A Study of History*）一书中，结合世界上26种文明的兴衰史，提出逆境及"挑战与反应"的理论，认为环境或条件的艰难构成挑战，而成功的反应会创造文化，但挑战过于残酷，则不易有成功的反应。[①]地理环境论者从一个侧面揭示了文化产生的原因。要真正揭示文化的起源，我们必须从人类自身的生存和发展中寻找原因。诚如英国哲学家罗素（Bertrand Russell）所言，自古以来，人类不论其属于任何种族，均不时要面临三种对手：自然、他人和自己。为了应付自然的挑战，发展出物质的或技术的文化；为了找出在群体中<u>与他人的相处之道</u>，乃有社群的文化，如各种典章制度；为了克服自己，乃有精神的

---

① 王曾才.西方文化要义 [M].江苏：江苏教育出版社，2006.10.11.

或表意的文化，如音乐、美术、文学、宗教等。由此可见，文化是人类为适应环境并谋求生存发展所做的努力及其成果。这里的环境当然不只是地理（自然）环境，还包括社会（人文）环境。人类的生存发展需求逐渐由简单到复杂，由单一到多样化，在满足物质需求的同时，又产生出精神层面的更高需求。这就为人类文化的发展提供了动力。

三、文化与文明

"文化"和"文明"含义相近，也有不同。"文化"是一个中性词，"文明"则是一个褒义词。文化（culture）指一种存在方式，有文化意味着某种文明，但是没有文化并不意味着"野蛮"。文明（civilization）意为一种先进的社会和文化发展过程和状态，包括民族意识、技术水准、礼仪规范、宗教思想、风俗习惯及科学知识的发展等。可以说，文明是文化的高等形式，是文化的较发达的形态。值得注意的是英国学者泰勒是把"文化"与"文明"作为同义语来使用的，他强调了文化与文明是人作为社会成员的创造活动及其成果，描述了文化与文明的共性，却没有揭示出二者的差异。

汉语"文明"一词，最早出自《易经》，曰"见龙在田，天下文明。"（《易·乾卦·文言传》）在现代汉语中，"文明"指一种社会进步状态，与"野蛮"一词相对立。从西方"文明"一词的语源来看，法文 civilisation、英文 civilization 和德文 zivilisation 源自拉丁文 civis（公民）和 civitas（城市），可溯源于希腊、罗马城邦国家。其本质含义为人民和睦地生活于城市和社会集团中的能力，引申后意为一种先进的社会和文化发展状态，以及到达这一状态的过程。文化和文明是社会发展过程中一个问题的两个方面，二者的区别表现在：

从内容上看，文化是人类征服自然、社会及人类自身的活动、过程、成果等多方面内容的总和，而文明则主要是指文化成果中的精华部分。

从时间上看，文化存在于人类生存的始终，人类在文明社会之前便已产生原始文化，文明则是人类文化发展到一定阶段才出现的。

从表现形态上看，文化是动态的渐进的不间断的发展过程，文明则是相对稳定的静态的跳跃式发展过程。

文化是中性概念，文明是褒义概念。人类征服自然和社会过程中的相关活动、过程和结果是一种客观存在，其中既包括优秀成果，也有糟粕，既有有益于人类的内容，也有不利于人类的因素，但它们都是文化。文明则和某种价值观相联系，是指文化的积极成果和进步方面，作为一种价值判断，是一个褒义概念。

简而言之，文化偏重于精神和规范，而文明偏重于物质和技术，这是它们之间的重要区别。文化常指观念，文明常指受文化支配下所产生的实践成果。文化是文明的基础，文明是文化的物质及精神方面的表现，但并非所有的文化都能结出文明之果，而任何文明都有文化的背景和基础。文化可以决定文明的命运，文明的程度可以影响文化的改变。

四、语言的文化属性

语言是文化中一个颇为特殊的组成部分。语言是一种文化现象，既是民族文化的重要表现形式，又是民族文化的主要建构手段和传承手段。语言是民族文化精神的表征，语言中蕴藏着民族文化内涵。各民族的语言有各自的文化属性上的特点，语言结构系统和言语运用表现上的差异与民族文化的差异有一定程度的关联。语言是整个文化的基础。正是通过语言，文化才能保存下来，并传递给同时代人和后人。

首先，语言是文化重要的组成部分，语言的诞生意味着人类文化的诞生。语言是人类生产劳动的产物，原始社会的人们在长期的生产劳动过程逐步使发音器官和大脑思维发达起来，加上劳动中产生互相协作、交流信息的需要，就产生了最初的人类语言。有了语言，人类才与动物区分开来。从这种意义上来看，语言是人类文化的基石，没有语言也就没有人类文化。语言作为民族文化的组成部分，反映这一民族的面貌。人类在改造世界的劳动中创造了语言这一宝贵财富，一个民族的面貌，不仅决定于它的信仰、伦理观念、行为准则、行为方式以及价值观，同样也决定于它的语言。不同民族所处的不同自然环境、社会环境造就了不同的社会文化、风俗习惯和风土人情等诸多语境因素，从而也形成各自不同的交际方式和习惯。语言中反映出来的民族的特征，不仅包含着该民族的历史和文化背景，而且蕴藏着该民族对人生的看法和生活方式。所以，通过学习一门语言，可以了解这一语言背后的民族的思维方式和世界观。语言作为文化组成部分的独特性表现在语言与其他文化现象之间的关系上。作为文化的承载和表达手段，语言把文化的其他要素融会于自身之中，使文化中的各个要素、各个层面都能在语言中得到充分体现，从而渗透于文化的各个层面，成为文化不可分割的一部分。

其次，语言直接反映一种文化的现实。换句话说，语言是文化的载体和传播媒介，文化是语言赖以生存的土壤。由于地理位置、自然环境、风俗习惯、历史变迁、宗教信仰、经济发展水平等方面的诸多差异，各个民族都形成了独具特色的民族文化，其内涵的差异必然会在语言中得到全面反映：一方面，文化差异使世界上的语言变得丰富多彩；另一方面，它又导致不同文化背景的人对同一事物或同一理性概念做出不同的理解和解释，因而有时会引起误解，导致交际不畅。社会语言学研究告诉我们，语言体系本身有着封闭性的一面——不同的语言，作为反映不同思想意识及文化的手段，最终代表着迥异的文化传统。在这个意义上讲，对语言文化特性的研究，在语言学习和翻译工作中就显得格外重要了。

最后，语言是文化最重要的载体。语言是文化的载体，记录和反映着文化的发展状态，是人类文化得以建构和传承的形式和手段。语言是一种特殊的文化，它本身就是人类所拥有的最重要的一种文化，而且它还是文化的记录者和传播者。说语言是最重要的载体，是相对于其他载体而言。其他载体只能向人们显现文化的一个部分，甚至是文化的一个角落；而语言则全方位地储存着文化的整体信息。文字的出现使语言的使用超出了时空的限制，似乎是比语言更重要的文化载体，但从语言学的角度来看，文字只是记录语言的符号，文字的文化负载功能依赖于它与语言的特殊关系而存在。人类使用语言进行交际的前提，是把社会生活各个领域的发展变化用语言加以描述，从而使语言中蕴含了人类文化的各个层面，成为文化的记录者。而且，随着语言在同代人中的横向交流和向后代的纵向传承，文化也就得以传承和发扬。所以，语言不仅是文化的记录者，也是文化的传播者。语言在文化世界的建构、传承及文化世界相互碰撞交流等方面，发挥着难以替代的作用。语言作为文化的载体，反映民族文化的内容。语言是文化的符号，不同民族的语言反映和记录了不同民族特定的文化风貌。透过语言，我们总能看到隐在背后的不同的文化特征、文化价值和文化含义。语言所展示的文化差异可以体现在语言系统的各个层面如语音、词汇、语法等，然而在词汇层面显得最为突出。每一个词汇概念所包含的，实际是一个定义、一个判断，而定义、判断则是文化意识的结晶。在语言中属于文化中心成分的词汇要比属于文化边缘特征的词汇详尽，也就是说，反映文化现象的词汇数量与它在文化中的重要性成正比。随着社会生活迅速变化，新事物、新概念不断产生，在词汇上表现为新词数目剧增。这些现象表明，语言是反映社会生活和社会意识的一面镜子，文化的特征通过语言表现出来。作为一个术语，"语言的文化属性"在概念上同申小龙所使用的"语言的人文性"比较接近。之所以采用"语言的文化属性"这一术语，戴昭铭认为，一方面因为"语言的人文性"，这一术语在申小龙论著的解释和使用中含义不够明确一致，容易引起误会；另一方面是这一术语涉及申小龙作为方法论提出来的"人文主义"以及作为对立面的"科学主义"，他无意卷入前一时期发生的两个主义之争的旋涡中去。罗常培先生曾以 pen 和 wall 等单词为例，来说明这个问题。英语的 pen 从拉丁语的 penna 而来，原义是"羽毛"（feather），最初只严格应用在原始的鹅毛笔（quill pen）。后来笔的质料虽然改变，可是这个字始终保存着，于是在古代本来含有羽毛意义的字现在却用它来代表一种有金属笔尖的文具。反过来说，如果分析这个现代词语和羽毛的关系也有助于我们领略一些古代笔的制度。再比如，英语的 wall 和其他印欧语系语言中含有"墙"的意义的词语，它们的基本意义往往和"柳条编的东西"（wicker-work）或"枝条"（wattle）有关系。德语 wand 从动词 winden 变来，它的原义是"缠绕"或"编织"（to wind, to interweave）。盎格鲁-撒克逊语（Anglo-Saxon）的 windan manigne smicernewah 等于英语的 to weave many a fine wall. 用现在的话来说就是"编许多很好的墙"。墙怎么能编呢？考古学家发掘史前遗址发现，许多烧过的土块上面有清晰的柳条编织物的痕迹。这就是一种所谓"编砌式"（wattle and daub）的建筑。它或者用柳条编的东西做底子上面再涂上泥，或者把泥舂在两片柳条编的东西的中间。由此可以使我们推想欧洲古代的墙也和中国现在乡村的篱笆、四川的竹篾墙或古代的版筑一样，并不是钢筋水泥的。

可见，语言单位，特别是词语，体现了人们对客观世界的认识和态度，记述了特定民族和社会的历史发展进程。这样，后人必须通过学习语言才能掌握前人积累下来的整个文化。儿童在习得一种民族语言的同时，也就是在习得这一民族的文化，习得这一民族的文化内容和文化传统。反过来说，语言，包括语言的使用方式在内，也不能超越文化而独立存在，不能脱离一个民族流传下来的、决定这一民族生活面貌和风俗习惯的信念体系。文化的发展，能够推动和促进语言的发展；同样，语言的发达和丰富，也是整个文化发展的必要前提。正因为语言的文化属性如此突出，我们通常把语言称作文化的载体，是反映民族文化的一面镜子。① 美国学者克里拉姆奇（Claire Kramsch）在他的《语言与文化》（Language and Culture）一书中开宗明义地讲到语言对文化的三大功能："语言表达文化现实……语言体现文化现实……语言象征文化现实。"

总之，语言促进文化的发展，同时文化也影响着语言的发展，两者是相辅相成、

---

① 戚雨村. 现代语言学的特点和发展趋势[M]. 上海：上海外语教育出版社，1997：246.

密不可分的。首先，文化依赖于语言，语言推动着文化的传播。语言构成了人最重要的文化环境，直接塑造了人的文化心理。语言学家曾指出，中国人的思维和文化模式可能与汉字有关，至少语言交际帮助塑造文化。因为每一种语言都为其使用者提供了对世界知觉或进行范畴化的基础——语言建立了一套对客观世界中的事物进行组合和比较的范畴。其次，人们是通过语言交际来交流思想、协调生产劳动、改造自然、改造社会、发展文化、传授知识的。语言交际不但维系了当代的社会文化生活，而且通过语言交际，人们掌握先人或他人的思维活动所获得的成果并加以发展，以传承文化和发展文化。再者，现代化的通讯方式、现代化的交际模式也把语言对文化的促进作用发挥到了极致——极大地加快了信息传递的速度，缩短了人们的空间距离，扩大了文化与文化间的交流，增进了人与人之间的相互了解，加快了人类社会的现代化进程，促进了人类文明、社会的发展。反过来，文化又无时无地不对语言有制约作用和决定性影响。语言在其产生、发展和变化中，一直受到文化的制约和影响。不同民族、不同时代、不同地区人们的生活环境、社会风俗、历史传统、科学水平有诸多差异，因而他们对客观世界的认识也必然有诸多差异，从而形成不同的文化世界。

第二节 英语语言文化面面观

一、英语姓名

姓名是社会上每一个独立的个体所特有的标志，是现实生活中与每个人相对应的特定指称。姓名总体上是区别性符号。然而，姓名既是历史，也是文化，既是故事，也是画卷。它们反映当时当地的经济发展状况、思想文化传统及人们的风尚习俗，内涵丰富，引人入胜。英语姓名的文化内涵极其丰富，诸多姓名不但折射英语国家的历史文化，反映某个时代特征，还寄寓着人们的情感和希望。透过英语姓名这个窗口，我们可以深入地了解英语民族特有的文化风貌。

（一）英语姓名的构成

英语姓名和汉语姓名在表述形式上有所不同。汉语姓名的姓在前，名在后；英语姓名则刚好相反，英语国家的姓名一般由"名"+"姓"两部分组成，其排列顺序正好与中国的"姓"+"名"相反，例如 Mary Robinson（玛丽·罗宾森）中，Mary 为名，Robinson 为姓。也有人有两个或两个以上的名，按照首名（First Name，简称 FN）+ 中名（Middle Name，简称 MN）+ 姓（Last Name，简称 LN）的次序排列，例如 LindaJane Smith（林达·简·史密斯）中，Linda 为首名或教名，Jane 为中名，Smith 为姓。英美人在大多数情况下只使用一个名字，即首名或教名，它们是孩子出生后接受洗礼时命名的，一般由父母或牧师来取；只有在办理公务或签署文件时才使用中名甚至第三个名字，中名多是以父母亲朋的某个名来命名的，表达了本人与父母亲朋之间的关系。在英语国家，人们一般都信仰基督教，按其宗教习惯，孩子出生一星期左右就要抱到教堂去举行洗礼仪式，并由父母、牧师或亲友起好名字，即教名。教名居全名之首，因此又称首名。根据英语的教名或首名，我们一般就能知道一个人的性别。这些名字绝大部分来自古代圣人、《圣经》中的英雄和神话传说中的人物。其中有些名字有缩略形式，如 Anthony（安东尼）的缩略形式是 Tony（托尼），William（威廉）的缩略形式是 Bill（比尔）。由于姓名中使用了缩略语并省略了中间名，英国前首相 Anthony Charles Lynton Blair（安东尼·查尔斯·林顿·布莱尔）常被称为 Tony Blair（托尼·布莱尔），美国第四十二任总统 William Jefferson Clinton（威廉·杰斐逊·克林顿）成了我们熟悉的 Bill Clinton（比尔·克林顿）。这种缩略语实际上是一种昵称，有些类似我们中国人所说的"小名"。

在英国学校里，姓一般只用来称呼年龄较大的男孩子。仅用姓来称呼成年男子的用法现在正在迅速消失。但是，当他们不在场的时候，谈到他们时只用姓也是可以的，因为这样有助于说话简洁明了。如果用姓来称呼或谈到女子，姓前总要放上 Mrs（已婚者）或 Miss（未婚者）。不过，也许是西方人士意识到了姓氏同样重要，近年来在欧美国家的许多文件和登记簿中，特别是在学术著作和论文的参考文献中，也出现了姓在前（大多按字母的顺序排列），名在后的情况。值得注意的是，这样写的时候，在英语的姓后面总是有一个逗号（，）表示这个姓名是被颠倒写的，如将 Eugene Albert Nida 写成 Nida, E.A.。

（二）英语个人名的词源

按照讲英语的民族的习俗，一般在婴儿接受洗礼的时候，由牧师或父母亲朋为其取名，称为教名。以后本人可以再取用第二个名字，排在教名之后。英语个人名的来源大致有以下几种情况。①

1.《圣经》

《圣经》是犹太教、基督教经典的总称。基督教对整个西方文化有极其深远的影响，英语中很多人名来自基督教经典《圣经》。

2. 古希腊、罗马神话

古希腊、罗马神话是西方文学的源头，是西方文化形态、人格精神的一种体现。英语中许多个人名取自古希腊、罗马神话。例如，Helen（海伦）是希腊神话中宙斯（Zeus）与斯巴达王后之女，Irene（艾琳）是希腊神话中的和平女神，Diana（黛安娜）是罗马神话中的月亮女神，Hercules（赫尔克里士）是罗马神话中的大力神，主神朱庇特（Jupiter）之子，等等。

3. 自然万物

英语中有些名字源于自然界物体名称，这些涉及自然万物（如山川、河流、花草、树木及动物等）的名字亦是人们某种精神品质的体现和寄托。如 Shirley（雪利）出自英格兰中部地名 Shirley，Silvia（希尔维亚）意为"森林；树木"，Linda（琳达）源于日耳曼语的"蛇"，Roosevelt（罗斯福）则源于荷兰语，意为"玫瑰原野"。此外，Olive（奥利弗）意为"橄榄树"，Pine（派因）意为"松树"，Randolph（伦道夫）意为"处于防御的狼"，Peter（彼得）意为"岩石"，Bean（比恩）意为"豆类"。英语民族认为，女孩应该性情温顺，容貌秀丽。因此，他们常用动物（通常是弱小动物）和植物（通常是花卉）的名称给女孩取名，如 Calf（卡芙）本指"小牛"，Fawn（福恩）本指"驯鹿"，Starling（斯塔琳）本指"欧洲椋鸟"，Flower（弗劳尔）本指"花"，Dahlia（戴莉娅）本指"大丽花"，Daisy（戴茜）本指"雏菊"，Rose（罗斯）本指"玫瑰"等。这些名称一般不用作男性的个人名。

4. 知识、权威、声誉等

英语民族常用与学识、权威、智慧、气质、性情、力量等有关的词语给男孩取名，如 Alfred（艾尔弗雷德）意为"睿智的参谋"，Flobert（弗洛伯特）意为"聪明的；光明的"，Abraham（亚伯拉罕）意为"众民族之父"，Alexis（亚力克西斯）意为"保护者"，Asher（阿舍）意为"救助承担者"，Adela（阿德拉）意为"高贵的"，Justus（贾斯特斯）意为"公正的；正直的"，Konrad（康拉德）意为"大胆进言的"，Vivian（维维安）意为"有活力的"，Almeric（阿尔梅里克）意为"有力

---

① 方梦之．译学辞典[M]．上海：上海外语教育出版社，2004.305.

的统治者"。也有以此类名称给女孩取名的，如 Audrey（奥德丽）意为"显赫的权力"，Guenevere（格温娜维尔）意为"白皙、美丽的女士"，Agnes（阿格尼丝）意为"贞洁的"等。

5. 历史人物

美国前总统尼克松（Richard M Nixon）的母亲有五个儿子，除了一个以父名命名以外，其余四人都是以早期英国国王的名字命名的，如 Harold（哈罗德）、Richard（理查德）、Arthur（阿瑟）和 Edward（爱德华）。崇拜杰出历史人物的社会心理还使人们乐于使用历史名人的姓来命名，如 Lincoln（林肯）来自美国第 16 任总统 Abraham Lincoln，Byron（拜伦）来自英国著名诗人 George Gordon Byron 等。还有些人喜欢用著名歌星、影星或体育明星的姓给孩子取名，如 Jackson（杰克逊）来自美国著名摇滚歌星 Michael Jackson，Monroe（梦露）来自美国著名影星 MarilynMonroe，Owens（欧文斯）来自美国著名体育明星 Jesse Owens。

6. 父母亲朋

在西方，人们可以将父母亲朋的名字用作己名。首先，将母亲的娘家姓或亲属、至交之姓用作中间名，即教名之后的第二个名字，如美国前总统里根的全名为 Ronald Wilson Reagan（罗纳德·威尔逊·里根），其中 Wilson 就是里根母亲的娘家姓。这也许是借姓为名的最主要途径。其次，完全袭用父亲或祖父的名字。此时多在姓名之后加注 Jr.（或 Jun.），意思是"小……"。如美国前总统卡特的全名为 James Earl Carter, Jr.（小詹姆斯·厄尔·卡特，在新闻报道中也常简作 Jimmy Carter）。也有加注罗马数字的，如 John Ford, Ⅲ（约翰·福特第三）。最后，亲友之间常用昵称（爱称、小名）互称，以示亲切。某些教名的昵称多达 10 来个（如 Elizabeth）；大部分昵称只从属于某一教名，而某些昵称却可以对应于多个互不相干的教名（如 Jerry）；有些昵称在长期使用中已升格为独立的教名（如 Gail）；有些具有独立含义的教名由于拼法的巧合而同时借用作其他教名的昵称（如 Casey、Duke）。昵称与传统教名之间界限的模糊化似乎已成为一种趋势。

（三）英语姓氏的主要来源

中国人很早就有姓，而且把姓视为血缘关系、传宗接代最重要的标志，以姓聚族而居，建宗祠、立家庙。可是，英国人在历史上很长一段时间内却只有名而没有姓。英国人原先每人只有一个名字，而使用姓氏要比名字迟得多。姓氏起源于别名

（surname，又叫 byname 或 toname），原先是用来区别同族而不同家庭的同名人的注释，后来演变成姓氏。至于世袭姓的出现更迟，大致始于 11 世纪，首先见于贵族阶层和大城市，直至 16 世纪才完全普及。16 世纪英国文艺复兴时期，基督教要求对姓氏进行登记，姓氏才得到普遍使用。

英语姓氏根据其起源大致可分为四类：

1. 职业姓氏

英语中有许多职业姓氏（professional names），就是说祖先做什么工作后代就姓什么。它们最早起源于英国乡村，用于区别从事不同职业的同名字的人，如 John Barber（约翰·巴博）指"从事理发工作的约翰"，John Baker（约翰·贝克）指"做面包的约翰"。铁匠（smith）在中世纪是非常重要的职业，当时每个村庄都有铁匠，他们在和平时期制作马蹄铁以及所有的农具，在战争时期则制造武器。常见姓氏 Smith（史密斯）表明该姓氏的最初使用者是铁匠。其他姓氏如 Taylor（泰勒）、Cooper（库珀）、Carpenter（卡彭特）、Clerk（克拉克）、Cook（库克）、Shoemaker（休梅克）、Fisher（费希尔）、Hunter（亨特）等也都是这样形成的，其对应的职业分别是裁缝、制桶工、木匠、办事员/书记员、厨师、鞋匠、渔夫、猎人等。

2. 地名姓氏

地名姓氏（address names）即以居住地为姓，就是说祖先住在什么地方，其后代就姓什么。反映地理位置的姓氏有 East 伊斯特（东方）、West 韦斯特（西方）、London 伦敦（英国首都）、lown 汤（镇）等。这些姓氏起源于法国，11 世纪诺曼人把来自住所地名的姓带入英格兰，许多贵族的姓就是以这种方式构成的。这种姓中往往有 de（la）、del 等小品词，意为 of。撒克逊人的对应方式是 at（te），如 John atte Brook（小溪）、Edgar Atwell（水井）、William Atwood（树林）。后来，at（te）等小品词被去掉，上述姓名就成了现在的样子：John Brook（约翰·布鲁克）、Edgar Well（埃德加·威尔）、William Wood（威廉·伍德）。古时英国不同的城市中有许多重名的人。为了区别，人们会用诸如 Griffith London、Griffith York 等方式表达，以区别这个人是来自"伦敦的格理夫斯"，另一个是来自"约克的格理夫斯"。后来，London、York、Bolton（博尔顿）、Preston（普雷斯顿）等城市名就逐渐演变成为固定的姓氏。在同一个村庄中可能有若干个叫 John 的人，为了区别，人们把那些同叫 John 人分别称为 John East 或 lohn West，即"村东的约翰"和"村西的约翰"。这些用于表示方向的词汇也逐渐成了姓氏，比如，East（易斯特）、South（索斯）、West（韦斯特）、North（诺斯）等。[贺宗元：《英语姓氏的翻译运用技巧》，载《天津市经理学院学报》，2009年第4期。] 不少英国人姓Hill（希尔），这些人的祖先应该住在山上（hill），而英国前首相Winston Churchill（温斯顿·丘吉尔）的祖先可能就住在一座有教堂的山上。

3. 个人特征姓氏

个人特征姓氏（personal Characteristic names）描述最初使用该姓氏的人的外貌，或者是对某个人个性方面的评价，例如，Brown（布朗）和Grey（格雷）分别指长有棕色头发的人和头发为灰白色的人，Strong（斯特朗）或Turnbull（特恩布尔）指以力量大著称的人，Longfellow（朗费罗）指个子高的人，Little（利特尔）指个子矮的人，Sharp（夏普）、Smart（斯莫特）和Wise（韦斯）指非常聪明的人，等等。这些姓氏实际上是一种绰号。

二、英语称谓

称谓语（form of address）即人们在交际中用于称呼对方的词语，具有重要的社会功能：它是称呼者对被称呼者的身份、地位、角色和相互亲疏关系的认定，起到保持和加强各种人际关系的作用。每一种语言，经过长时间的发展和演变之后，都会形成各自独特的称谓体系和使用规范。称谓语是社会语言学家较早开始关注的言语行为，因为在每种语言中，在每个社会中，只要人们相互交谈，就涉及如何称呼对方的问题。

称谓语包括亲属称谓与社交称谓两种。亲属关系是血缘关系，亲属称谓则一般较固定；而社交称谓则在一定的场合内不断改变，社会关系有业缘关系、地缘关系和头衔关系，与此相应就有不同的称呼。

（一）亲属称谓语

亲属称谓是具有血统与婚姻连锁关系的亲属之间的称谓。例如father（父亲）和daddy（爸爸）。在书面语、正式场合和间接称谓中，一般用正式说法，如"祖父"（grandfather）和"祖母"（grandmother）。在口语、非正式场合和直接称谓中，一般用非正式说法，如"爷爷"（grandpa）和"奶奶"（grandma/granny/grannie）。英语和汉语中，长辈直接称谓晚辈，经常称呼名字，而不常使用亲属词。汉语中，晚辈直接称谓长辈，一般总是要使用亲属词，而不能使用名字。如果晚辈用名字直接或间接称呼长辈，会被认为是不敬的表现。但是英美人在未成年时除使用亲属词称谓长辈外，有时也可以称呼名字（first name）。例如，小孙子可以直接称呼他的老爷爷为 Tom 或 George，而不一定非叫 Grandfather 或 Grandpa。英美人在成年后更多使用名字称谓长辈，而很少使用亲属词。[1]这点和中国人有很大的不同。

在亲属称谓方面，汉语民族主要受其宗法血亲关系的制约。中国人习惯用表示血亲关系的名词去称呼家人、亲属，如"大哥""婶婶""小弟"，甚至会将此类称呼用于朋友和陌生人，如"阿姨""奶奶""哥们儿"等，以示亲近。而西方人则很少这样做，中国人很难想象美国孩子竟会对其长辈直呼其名。英语亲属称谓仅用 13 个名词（father，mother，son，daughter，brother，sister，uncle，aunt，nephewniece，cousm，husband，wife）和几个修饰词（great，grand，step，half，first，second，in-law）就可以反映所有的辈分，同胞、血缘关系。[2]而汉语亲属称谓男女有别，长幼有序，血缘关系的远近疏密泾渭分明，因此要远比英语亲属称谓复杂得多。

（二）社交称谓语

通用社交称谓语是指应用范围广、不拘泥于特定对象的称谓语，一般适用于社交场合。从社会语言学的观点来看，社交称谓语具有极其丰富的社会和文化内涵，是社会中权势性和平等性的象征。"权势性"指上下或尊卑关系，也可依长幼、职业差别、教育高低等情况来定；而"平等性"则指平等关系，可指经验的共享，社会特征（宗教、性别、年龄、出生地、种族、职业、志趣等）的一致性，彼此关系亲密等。

（三）称谓语的使用

称谓语的意义已超出符号或文字层面上的对于对方姓名身份的辨认，而具体关系到人际关系的本身。称呼形式因人、因事、因时、因地不同而有着意义上的差别，具有丰富的内涵。称呼形式用得当与否，将直接影响跨文化交际的效果。总的说来，称谓语的使用有两种模式，即对称性模式（reciprocal pattern）和不对称性模式（nonreciprocal pattern）。大多数情况下说话双方都采取对称性模式，即双方都使用名字（first name）或者都使用"敬称/头衔十+姓氏"（title+last name）来称呼对方。通常朋友之间、关系比较亲密的人之间使用名字，而对刚刚认识的人或关系比较疏远的人使用"敬称/头衔+姓氏"。不对称性模式是指谈话中一方用名字称呼另一方，

---

[1] 引自《英语沙龙》王逢鑫的《如何表示英语的称谓》一文。
[2] 汪榕培. 英语词汇学教程[M]. 上海：上海外语教育出版社，1997：102.

而另一方却用"敬称／头衔＋姓氏"称呼他（她）。采取何种称谓取决于两个因素：权力（社会地位）和人与人之间的亲密程度（社会距离的远近）。谈话中社会地位或级别较低者对上级所使用的称呼是不对称的，体现了对上级的尊敬。同样的称呼如果用于地位相近的人，则体现彼此之间关系比较疏远，并且显得非常正式。同样，在不对称性模式中上级对下级所使用的称呼也是其权力的体现，相同的称呼如果用于同级别的人，则表明彼此之间社会距离较近，亲密，也显得非常随意。

三、英语数字

数字是表示数目的文字或符号，是人类认识世界、改造世界和记录历史不可或缺的重要工具。数字虽是一种计算符号，但其作用早已超越了数学王国的界限。"数字是语言学中的一个特殊的领域。在科学的数字世界里，它的功能是计算，秩序严谨，职司分明，是实数；而在人类心灵的数字世界中，它的功能是表义，许多数字经过'神化'后成为'玄数、虚数、天数'。它们有着极其丰富的外延和内涵。"从古到今，数字一直被广泛应用于人们的日常交际，常常被赋予特殊的内涵、寓意，成为特定民族语言文化的一个重要组成部分。

远古先民把长期积累起来的数量知识用于对具体单一事物的抽象和概括，便形成了数量思维和计算。数学与其他科学分支一样，是在一定的社会条件下，通过人类的社会实践和生产活动发展起来的一种智力积累。其主要内容反映了现实世界的数量关系和空间形式，以及它们之间的关系和结构。从认数计数知识的积累到数学科学的发展，反映了人类认识能力的飞跃，文明程度的提高。这一过程是伴随着语言的发展而发展的。因为从本质上讲，语言和数学都是人类所使用的符号系统，语言逻辑和数学逻辑都离不开累加、相减、倍增和演绎等基本思维方法。这也是我们在本章探讨英语语言文化时需要提及英语数字范畴的一个原因。

由于英国居民构成成分和文化渊源的关系，英语的算法较多受欧洲各国的影响，不过英国人早就有自己的计算符号和方法。英语中的基数词和序数词，除了 second（第二）是法语词和 million（百万）是拉丁词以外，其他的都是盎格鲁-撒克逊语。在古英语中"第二"用 other 来表示。罗马数字随着罗马人的入侵也进入了英语。原始的罗马计数法是以手指进行简单运算的，所以 1—4 的符号很简单，分别为：Ⅰ、Ⅱ、Ⅲ、Ⅳ。5 用象征五指的 V 来表示；10 是 V 的倍数，就用 X 来表示。其他数字则按照左减右加的原则分别在 V 或 X 的两旁进行加减。历史上的阿拉伯数字原是印度的位值计数符号，公元10世纪末由摩尔人或阿拉伯人传入西班牙，然后在欧洲各国广泛传播，大约在16世纪后取代了罗马数字。有一段相当长的时期英国人并不采用十进制。阿拉伯数字用一个数字表示个位数，两个数字表示十位数，三个数字表示百位数，四个数字表示千位数。这种十进制在英国以及欧洲各国的引入，其影响大大超过了阿拉伯数字本身。现代英语计数（如统计、账簿、表格和支票）主要采用阿拉伯数字，英文表示数量的词语较多用于文字记述或者支票正式书写，罗马数字则只用于钟表、罗列项目或者书籍中的非正文页码。

四、英语成语

成语是"人们长期以来习用的，形式简洁而意思精辟的，定型的词组或短句。汉语的成语大多由四个字组成"。成语（idiom）是习语（俗语）的一种，是各个国家和民族语言中不可或缺的部分，含有丰富的社会和文化内涵，是人类在长期的社会实践中总结出来的语言精华。在英语语言表达的生动性、凝练性及使用频繁程度等方面，要首选成语。英语成语一方面源远流长，另一方面顺应社会的发展不断有新的成语出现，学习英语成语不是一朝一夕的事情。掌握一定数量的成语对于了解英语国家的社会与文化，融进以英语为本族语的人群具有十分重要的作用。

什么是英语成语？笔者手头的几部字典给出的英文定义大同小异，如 form of expression or usage peculiar to a languageesp.one whose meaning is not given by those of its separate words, a group of words with a meaning of its own that is different from the meanings of each separate word put together, a group of words which have a different meaning when used together from the one they would have if you took the meaning of each word separately 等。可见，英语成语是不可预见其意义的固定词组，其表述之义往往不是其单字意义的总和。

总体来说，英语成语主要有如下三个特点：语义的整体性（semantic unity）、结构的稳定性（structural stability）和民族特色性（national character）。

第一，语义的整体性。在英语中，成语大都是作为一个整体出现的，其意义往往难以从其中的单词猜测出来。也就是说，组成成语的各个单词除了表达成语的整体意义外，往往不能同时再表达其他的意义。比如，over the moon 的字面意思是"在月亮上面"，可作为成语其实际意思却是"非常高兴"或"快活极了"。再比如，hold one's tongue 意为"保持沉默"，be on one's toe 意为"保持警惕"，throw in the towel

意为"认输"，carry a torch for... 意为"对……单相思"等。这些成语的特殊意义从其中各个组成单词上是绝对推测不出来的。在这种情况下，一个成语可以被看作以一个整体出现的。

第二，结构的稳定性。结构的稳定性也叫句法限制（syntactic restriction），即指成语的形式固定，其中各个单词不能被替换或是以别的形式出现。看下面的这个句子：The answer is easy. 此句可改为 The answer is simple. 而在 It is as easy as pie 中，由于 as easy as pie（轻而易举）是成语，其中的 easy 就不能改为 simple。这就是结构的稳定性。再如，She likes cats and dogs 这句话可以改为 She likes dogs and cats，但是在 It's raining cats and dogs 中，语序必须固定。这是因为在后一个句子中，cats and dogs 是成语，意思是"猛烈地"（尤指下雨），所以它的结构形式是固定的。一旦英语成语被改动或被替换，它所表达的原义就会丧失。比如，go broke 的意思是"破产"，如果中间加一个 for，go for broke 则指"豁出去干某事"。

第三，民族特色性。相当数量的英语成语的形成有着文化历史的渊源，所以字面意思与实际含义时有天壤之别，不能望文生义，也不能一知半解就拿过来使用。比如，blind pig 这个成语指"非法酒店""劣质威士忌"——在非法酒店长期喝劣质威士忌酒的人，眼睛会变得像猪一样瞎。随着社会的发展，非法酒店和劣质威士忌被逐渐淘汰，这个词就很少有人再用了。salt of the earth 意为"社会中坚""精英"，salt 是"盐"，而 earth 指"人类世界"，从"盐"到"精英"也许是借助了盐的晶体形式而言。play hooky 意为"逃学"，19世纪中叶开始使用。当时小学生把坐在教室上课看作被钓上钩的鱼一样失去自由，因此想 getting off the hook（挣脱鱼钩），由此派生出 hook it（逃走），再演变为 hooky，并由于美国著名作家马克·吐温（Mark Twain）在其作品中使用而使这一说法更为流行。kangaroo court 指"非法的不按司法程序而私设的法庭"。有人认为它是袋鼠故乡澳大利亚的成语，因为在150多年前澳大利亚是英国犯人的流放地。但又有人说这个成语在1849年加利福尼亚的淘金热时期也出现过。

除了上述几个主要特点以外，英语成语还有两个需要注意的地方：一是一些英语成语从字面上看是违反语法规则的，如 diamond cut diamond（棋逢对手），cut 一词之后无须加 -s；还有一些则是违背逻辑的，如 neck and neck，其实际意思不是"脖子和脖子"，而是"并驾齐驱"或"平分秋色"。为此，学习者在碰到英语成语时要倍加小心，稍不留神就会在理解上出现偏差。

五、英语谚语

英语的 idiom 很容易和 proverb 混淆，前者相当于汉语的"成语"，后者相当于"谚语"。从形式上看，两者的区别是比较明显的：idiom 是短语（phrase），proverb 是句子（sentence）。idiom 没有主谓语，故不成句；proverb 有时即使主谓不全，但毕竟还是一个省略句。例如，An eye for an eye, and a tooth for a tooth. 这是一个省略了动词的句子，开头为大写字母，其后有句号，故为谚语；tit for tat 的含义与之相似，但它是短语（片语），前无大写，后无句号，故为成语。至于中文的成语和谚语区别则较为含糊，一般四个字组成的称为成语，尽管有的成语也具备主语和谓语，而较长的语句一般都称为谚语。谚语是一种习语（俗语）。英语和汉语中都存在着大量的谚语。这些谚语是在民间流传的短小精悍的固定语句，是人们生产经验、生活智慧的结晶。英语有句关于谚语的谚语：Proverbs are the daughters of daily experience.（谚语是日常经验的女儿。）英语谚语是英语语言文学的瑰宝，是英语民族智慧的集中体现。英语学习者通过英语谚语可以一览英语国家思想与文化的精华，领略英语语言的精悍与传神。

六、英语典故

典故（allusions），即诗文中引用的历史故事和有来历出处的词语。细究起来，英语和汉语对"典故"概念的解释各有侧重，"英语 allusion 注重'含蓄'和'间接'，汉语典故则强调史实和出处，但都指文学作品中引用的史料性文字"。这些故事和词语具有丰富的文化内涵和鲜明的形象，体现了一个民族深厚的文化积淀。

从"典故"二字不难悟出，"典"乃"经典"的意思，"故"则是"故往、以往"之意。典故与一般习语（俗语）的差别就在于，它往往蕴含一个经典的富有教益的故事或拥有一个经典的权威可信的出处。因此，它除了具有和一般习语（俗语）相似的一个作用，即可以增添语言表达的生动性、简洁性以外，它还具备一般习语（俗语）所欠缺或相形见绌的特性，即蕴含更强的形象性、教育性、权威性。其一，典故突出的人物形象和完整的故事情节显然比一般习语（俗语）更具形象性，更易于激起联想与共鸣；其二，其蕴含的寓意和哲理往往比谚语和格言以外的一般习语（俗语）更为深刻，更易于使人受到教育，得到启迪，既可以教育孩子，又警示成人；其三，故事的真实、出处的权威更易于让人心悦诚服。

英语语言文化源远流长,留下许多寓意深刻的典故。了解这些典故,不仅可以丰富我们的英语表达方式,还可以让我们领略英语语言文化的独特魅力。英语典故与汉语典故最大的不同就在于:在构造形式上,英语典故更加自如随意,多不讲究音韵字形之美,除了短语、句子以外,英语的典故经常是单个的词,而在汉语中却没有单字的典故;就其来源年代而论,汉语多源自古代经典或史实,近代的很少,当代的则几乎没有,而英语典故则更富有活力,除了古代的经典以外,取自近代甚至当代经典与史实的典故也占了很大的比例。与汉语相同,许多英语典故同样也已演变为英语的各类习语。

七、英语俚语

俚语(slang)的汉语定义是"粗俗的或通行面极窄的方言词,如北京话里的'撒丫子'(放开步子跑)、开瓢儿(脑袋被打破)"。有西方学者将 slang 定义为: a kind of jargon marked by its rejection of formal rulesits comparative freshness and its common ephemeralityand its marked use to claim solidarity.[①] 意即,俚语是一种行话,所谓行话(jargon)指局限于某一阶层中使用的专用语(sub-language)。许多专用语现已成为日常生活用语,例如 play ball 原为裁判宣布球赛开始的用语,现作"合作"解;neck and neck 原指赛马中"并驾齐驱",现用于日常生活中表示"竞相";straight from the shoulder 原为职业拳击用语,现作"直言不讳"解;lay an egg 原指"演出失败",现泛指"引不起听者的兴趣"。

随着现代科学技术的发展,新生事物和新概念的不断涌现使新的俚语层出不穷。例如,近年来由于计算机的迅猛发展和普及,计算机用语大量地增加并进入生活,成为英语俚语的一大来源。与此同时,随着中产阶级的崛起,创造和使用俚语的人本身的文化层次也不断地提高。而现代科学技术的发展也加快了生活的节奏,使得英语语言本身日趋通俗化和口语化,从而使得英语俚语作为一种非规范语言在英语语言中的地位日益提高,并为公众所接受。俚语排斥规范用语的语言规则,具有较强的新颖性、较为短暂的词语寿命及特色鲜明的用法,意在强化行业或集团内部的一致性。综合以上定义,俚语即特定人群的俚俗新奇的口头用语。在现代语言中,俚语其实早已超出了特定人群行话的范畴。随着大众传播媒介的日益发达和人际交往范围的不断扩大,

---

① 闫文培.全球化语境下的中西文化及语言对比[M].北京:科学出版社,2007:296.

汉语中的许多方言词广为流传（如东北话里的"忽悠""唠嗑"等），逐渐成为大众性的俚语。英语俚语不仅在当今西方社会（尤其是美国）的影视、广播、小说、报纸杂志以及日常交流中形成了一个强有力的磁场，有些说法还在全球范围内流行。要想熟悉英美社会，了解英美人的风俗习惯，或想实际接触英美人，提高阅读、理解、听说能力，或想实际在英美国家生活一段时间，就必须懂些英语俚语。

八、英语委婉语

陈望道先生在《修辞学发凡》一书中将委婉语这种修辞手法定义为"说话时不直白本意，只用委曲含蓄的话来烘托暗示"，通过使用语义模糊的词语，或者通过比喻、借代、借喻等修辞手法，描述一些听起来刺耳、不太文雅的事物，或者代替禁忌语（taboo），克服这些概念给人们带来的不愉快、尴尬，或者掩盖事实真相，起到美化、粉饰的作用。英语的 euphemism 是从古希腊语借用而来。在古希腊语中，eu 的意思是 well 或 sounding well，即"好""听起来好"；pheme 意为 speech，即"说话"，合起来的意思便是"说话好听"。可见，人类使用委婉语的历史十分悠久，其最基本的定义就是"说话好听"。那么该怎样做到"说话好听"呢？我们可以从 Oxford Advanced Learner's English-ChineseDictionary 的 euphemism 词条中找到答案："use of pleasant, mild or indirect words or phrases in place of more accurate or direct ones. 'Pass away' is a euphemism for 'die'. 'Pass water' is a euphemism for 'urinate'"，意即，委婉语就是用一些令人愉悦的、温和的或不那么直接的词语来取代那些精确直白的词语，如用 pass away（过去了）代替 die（死），用 pass water（小解）代替 urinate（排尿）。这种提法，与前面陈望道先生的定义可谓异曲同工，这在某种意义上体现了东西方思维方面的一个重要共性，那就是趋利避害的心理。

第四章 现代语言学的理论流派

第一节 现代语言学的开端

一、索绪尔思想的来源

为什么19世纪末和20世纪初会出现索绪尔这样伟大的思想家？他的时代为他的卓越成就提供了哪些条件？当时各门科学中的主要思潮又是什么？

索绪尔的语言理论不是凭空出现的，而是与当时社会科学的思潮有密切的联系，尤其与社会学、心理学、语言学、哲学甚至经济学的发展是分不开的。

（一）社会学

索绪尔时代的社会科学处在一个十字路口。德国的唯心主义哲学和经验实证主义哲学都认为，社会是一个"结果"，是一种次要的、派生的现象，不是实质的东西。实证主义者继承了英国哲学家休谟（David Hume，1711—1776）的哲学思想，把世界分成客观的、物质的现象和主观意识，并认为社会属于后者，是个人感情和行为的结果。英国哲学家本瑟姆（Jeremy Bentham，1748—1832）写道："社会是个虚构的东西，是社会成员的总和。"这就是说，除了每个个人，社会并不存在；个人是分析者摸得到的唯一现实。另一方面，德国哲学家黑格尔（George Hegel，1770—1831）派认为，法律、举止、习惯、国家等，都是心智的表达而已，所以只能作为结果来研究。这就等于说，对社会的研究不能成为一门科学。正在这时，出现了法国著名社会学家迪尔凯姆（Emile Durkheim，1858—1917）。

迪尔凯姆是现代社会学的创始人。他著有《社会学研究方法准则》（*Rules of the Sociological Method*）迪尔凯姆创建了一套新的理论，使社会学从此成为一门科学。他首先给"社会事实"（social fact）下了定义，把它看作物质的东西，与自然科学所研究的物质性质相同。他说，社会事实"是一种行为，不论其是否有固定性质，它对每个人都有'外部制约'（external constraint）……其主要特征是，在特定社会中具有最普遍的意义"。什么是外部制约？比如说，我在街上遇到一个朋友，并没有人强迫我讲什么，但又不能不打招呼也不讲话。这种自觉或不自觉地要遵守的规范，使我们的行为成为社会事实，这种规范就是外部制约。我们吃饭、穿衣、走路、说话等，都要符合社会规范。

迪尔凯姆说："显然，一切教育都是为了强加给孩子们一种观察问题、感觉事物、采取行动的某些方式，这是孩子们不能自发地到的。……到了一定的时候，孩子们不再感到这种制约，因为这种制约逐渐使人自觉产生某些习惯和倾向，制约也就不必要了。"他认为，所谓社会事实就是"集体心智（collective mind）"中的思想。这种思想超越每个社会成员而存在，间接地、不完善地反映在个人的头脑之中。有些不善于思考的社会成员可能永远也不会认识到关于社会行为的规范，但他们的确是遵守这种规范的。所以，迪尔凯姆说，法律、衣着、性别、言语等都是有具体影响的，它们像石头和力（force）一样，应该被看作物质的东西。

迪尔凯姆反对用历史原因来解释当前的社会现实。他认为，社会事实不受历史发展阶段的约束和限制。他说，如果近期社会是早期社会的简单继续，那么每种社会只是前一种社会的复制品而已。实际上，一个社会接替前一个社会时总会失去一些特征，并获得一些新的特征，因此与前一个社会有本质的不同。

迪尔凯姆的思想可能影响到了索绪尔的语言观。既然语言与生物物种不同，那么语言学作为一门学科，应该是什么概念呢？如果语言不是物种，那么应该从什么角度去研究？索绪尔用当时新兴的社会学来回答了这些问题：语言也是一种"社会事实"。任何语言，不论是英语、法语、汉语，不像房子、桌子、椅子那样的物件。但任何物件都属于一定的类别和范畴，这个范畴包括法律制度和规范的结构。那么语言也属于这个范畴。能实际观察到的语言（如嗓子发出的音、印刷文字等）都是物理现象，但是在能观察到的物理现象与内在的规则系统之间是有区别的。

语言行为也有外部制约，那就是一种抽象的语言系统。这种系统同一切社会规约和惯例一样，是一切成员同意遵守的、约定俗成的社会制度。这种系统是通过教育强加给社会成员的，使每个成员没有其他选择。它存在于集体心智之中。虽然许多语言使用者可以纯熟地使用语言，但他们并不懂得这个抽象系统是什么。如同社会事实一样，语言也不受历史发展的限制。任何时期的语言，我们都可以不问其历史状况而独立地进行描写和分析。《普通语言学教程》自始至终体现了这些基本原则。这并不是说索绪尔仅仅借用了迪尔凯姆的思想去分析语言事实。索绪尔在《普通语言学教程》中从未提到过迪尔凯姆，但是迪尔凯姆的理论是当时哲学界的主要思潮之一，索绪尔不可能对此漠不关心，或一无所知。

（二）心理学

索绪尔还受到奥地利心理学家弗洛伊德（Sigmund Freud，1856—1939）的影响。弗洛伊德提出了精神分析治疗法，其理论的科学价值在此不加评论，但他提出了一个重要概念，即"下意识"（the unconscious）。人类逐渐形成一个底层心理系统。人们对这种心理系统并没有意识，但时时受它支配和控制。弗洛伊德用这种方法说明，无须再到历史中去寻找最初的原因，这种原因已在人类心理中内化了。

弗洛伊德的观点符合当时的结构主义思潮，即把任何行为都看成受一个规范系统所制约。社会的规范在于"集体心智"，语言行为的规范在于语言规则，心理上的规范在于心理组织的机能。这些规范系统独立于人的意识而存在，却无时不起着积极的作用。语言也应该是这样的。人无法说明他自己的语言知识，但他说话、听懂别人讲话、识别语言错误时，无不受到语言规则的限制。

（三）语言学

在语言学方面，索绪尔受到美国语言学家惠特尼（William Dwight Whitney，1827—1894）的巨大影响。惠特尼是耶鲁大学的梵语教授和比较语言学教授，他基本上是以新语法学家（Neogrammarian）的传统研究语言的，但不同之处是他提出了符号（sign）的问题。惠特尼认为，语言是建立在社会规约上的一种制度（institution）。他通过坚持符号的任意性这一概念，区分了人类交流与动物的本能交流。索绪尔说，惠特尼通过强调语言的任意性并认为语言是建立在社会规约上的一种制度，把语言学引上了正确的轨道。对索绪尔来说，意义之所以存在，就是因为意义之间有差异，正是这些意义上的差异才能让人使用语言形式。语言形式并不是历史的延续遗留下来的，而是它们具有不同的功能，能区分和产生不同的意义。

（四）经济学

不少人认为，索绪尔还受到当时西方经济学思潮的影响。他的语言学理论，如语言系统与语言现象（langue vs.parole），组合与聚合（syntagmatic vs.paradigmatic）关系以及共时与历时（synchrony vs.diachrony）等概念，都可以在经济学中找到。由于价值（value）与价值理论一直是西方经济学研究中的核心概念，索绪尔把经济学称作研究价值的科学，所以认为语言学和经济学都是研究价值的科学，虽然历史主义（historicism）旨在研究价值的根源，共时论（synchronicity）旨在研究价值的效应而不考虑其根源。索绪尔的系列二分法以及自己所偏向的研究重点，把语言学真正带上了一条科学之路。

（五）哲学

为了明确解释意义（signification）的本质并开创一门研究符号的科学，索绪尔把自己的理论建立在西方哲学中"在场"（presence）和"不在场"（absence）的经典关系上，即现实世界与虚拟世界之间的对立。对索绪尔来说，语言现象（parole）属于现实世界中的"在场"，语言系统（langue）属于虚拟世界中的"不在场"。现实系统被认为是复杂的、多变的，而虚拟系统是稳定的、不变的。建立这个框架的好处在于，探讨语言的虚拟系统，人就可以得出一套稳定不变的系统，不用在语言现象的真实系统中摸索千变万化的不可预测的活动和行为。通过提出"语言系统"这一虚拟的模式，人就不需要把主要注意力放在"语言现象"这一系统中，也就是说，通过人们所说所写去研究构成所说所写现象后面的潜在规律这一系统的结构。这个原则实际上是理解结构主义的基础哲学及其对20世纪科学研究产生影响的关键。

以上这些思想来源，能给我们一种理解问题的方法，可让我们更清楚地了解为什么有些系统是存在的，但我们并不了解。描述一个系统，意味着分析能看得见的东西，那是因为这个系统并不是明显的"存在"但却一直影响着所有的人类行为。

二、索绪尔的理论

可以说，索绪尔与迪尔凯姆、弗洛伊德等有影响的社会科学家一道为研究人类行为开辟了一条新的途径。他们发现，人类行为是客观存在的东西，但又不同于自然科学家所研究的物质。在自然科学中，人们可以不顾别人的印象或感觉，对物质进行独立的分析。在社会科学中，不能忽视人们对行为的主观印象。主观印象正是行为具有的社会意义的一部分。例如，一个动作被视为表示尊敬，另一个动作被认为表示蔑视，是因为社会本身赋予不同行为以不同的意义，这正是由规范组成的系统所决定的。因此，社会科学研究的不是社会事实本身，而是社会事实与其社会意义的结合。这就要求人们把社会事实放在整个社会框架中，去探求它们的社会功能。换句话说，一个行为本身没有内在的、必然的价值。鞠躬表示敬意、男人不穿旗袍，这些现象里并没有内在的生理原因，而是由社会规约和惯例规定的。

但索绪尔是最先注意到语言的复杂性的。他把人类语言看作一种非常复杂且异质的现象。即使是一个简单的言语活动，也包含着要素独特的分布，并且可以从许多不同的甚至互相冲突的角度去考虑：声音、声波、听觉装置、说话者所要表达的意图、指称、交流语境、说话者和听话者之间的规约、语法和语义规则、语言史，等等。索绪尔认为，语言是一个符号系统（a system of signs）。声音可以当作语言，是因为它们表达了思想；否则，就只是噪音。要表达思想，声音就必须成为规约系统的一部分，也就是符号系统的一部分。

索绪尔的理论直接把我们的注意力导向语言的本质，也明确了作为科学的语言学所研究的对象。他写道："语言学家从来没有想过确定它们所研究的对象的本质，如果没有这个环节，科学就不可能有正确的方法。"他的理论可归纳如下。

（一）语言符号的本质

索绪尔认为，语言符号结合在一起的，不是一个物体和一个名字，而是概念和声音形象（sound-image）。这两者结合在一起，才构成了语言符号的全部。他把概念叫作"所指"（signified）把声音形象叫作"能指"（signifier），这样就把它们区分开来，同时把它们与其共同组成的整体区分开来。例如，"树"是一个语言符号；它的声音形象 shù 是能指，它所指的那种植物就是所指。这两者的特定关系是一个任意的实体。与语言符号的任意性相关联的是能指的线性特性（linear nature）。能指，是能听得到的，所以是在时间这个维面上展开的。因此，能指代表了一段时间，而这个时间段可以得到测量。这一发现与符号的任意性理论同样重要。

（二）语言单位的关系性质

由于能指与所指的关系是任意的，那么就没有理由把某一个能指给予某一个概念。因此，在一个能指与所指之间没有必然的属性。能指只不过是一个系统里的成员，通过同一系统内其他成员之间的关系得到界定。索绪尔写道，在所有情况下，我们发现的并不是"早已存在的思想"，而是"源于这个系统的价值"（Saussure，1960：117）。当我们说，这些价值与概念相应，就应该这样理解，这些概念是纯粹的区别性造成的，并非由于其内容决定，而是由于其系统中与其他词语之间的关系决定的。最主要的特征是，它们的属性不由自主地"是"来决定，而由别的词语的"非"来决定。

（三）语言系统与语言现象的区分

这是语言系统与语言的实际现象之间的区别。索绪尔写道，把 langue 与 parole 相区别，我们同时区别了社会性的和个人性的东西，也区别了主从两个类别（Saussure，1960：14）。他认为，语言学家的任务就是研究 langue，即语言系统。研究语言系统的语言学家，不是描述言语行为，而是确定组成语言系统的单位和组合规则。

把特定的语言事实与属于语言系统本身的东西相区分，具有重大意义。它导致了语音学（phonetics）与音系学（phonology）的分野，也导致了研究话语（utterance）与研究句子的分野。实际上，这从根本上区分了制度（institution）和事件（event），也区分了人类行为的内在规律与一个个具体的行为的不同。通过这个区分，索绪尔为语言学找到了一个正确的研究对象，也让语言学家更清楚自己在干什么。

（四）共时与历时的区分

语言学上的共时与历时之区分，就是静态语言学（static linguistics）与进化语言学（evolutionary linguistics）之分。索绪尔把语言的功能与下棋相对比来做解释。首先，语言的状态很像一盘棋。就像棋子的价值取决于它在棋盘上的位置一样，每一个词语的价值来自与其他词语的对立。其次，系统总是瞬间的，不断在变化，由一个状态进入另一个状态。尽管价值取决于不变的规约，但在一盘棋开始前就存在的一套规则在每走一步后都起着作用。语言规则一旦被认可，也会一直延续下去。最后，从一个静止状态进入另一个静止状态，只需要挪动棋子。有些棋子的挪动，对全局影响很大，而有些棋子的挪动，对全局影响不大。无论如何，每挪动一步，都会对整个系统产生影响。

但这个区分也面临一些质疑和挑战，因为语言学研究的共时与历时之间不可能非常清楚地进行区分。首先，语言是一直在变化着的。语言不可能静止下来让我们描述，我们也不知道某一个新的词或短语到底是否被人们接受，是今天还是昨天接受的，是今年、去年还是前年。语言变化的过程漫长而且缓慢。其次，任何言语社团里的语言都不统一。不同社团的人讲的语言总有不同的变体，到底描述哪个变体，是很难确定的。不论你如何描述，总会有人对你的描述提出挑战，他会说"我从来不那样讲"。

最后，语言变化时，并不是一系列特征突然间被另一系列特征所取代。

在历时研究中，对比语言的不同形态时不考虑其各自的时间阶段。否则，语言的变化就不明显或者缺乏代表性。共时描述优先于历时描述之说，就是先要描述语言的状态然后才能对比。并不是说，描述语言的当前状态时，不用了解其先前的状态。实际上我们常常需要了解语言的先前状态才能准确地描述其当前状态。简言之，对语言历时变化的研究与其共时的变体研究之间有非常紧密的关系。

面对所有这些语言的外观以及人们可能达到的不同看法，语言学家就必须询问自己，他试图描述的到底是什么东西。索绪尔认为，语言是一个符号系统，声音只有当其用来表达或交流思想时才被以为是语言。否则，它们只是噪音而已。为了交流思想，它们必须是规约和惯例系统的一部分，也必须是符号系统的一部分。这里所谓的符号，就是形式和意义的联合，索绪尔称之为能指和所指。尽管我们称其为能指和所指，似乎把它们看作彼此分离的独立体，而实际上它们只有相互结合作为符号的组成成分才能够得以存在。符号是语言事实的核心，因此我们想要区分什么是根本的、必然的，什么是次要的、偶然的，就必须从符号自身的特性入手。

三、索绪尔的遗产

索绪尔也最先指出符号学方法事关语言研究。他认为，只要有符号，就有系统。表示意义的行为都有共性，如果要研究它们的本质，就不能孤立地看待，而必须把它们放在一个系统中考虑。这样的话，看不见的或潜在的东西就变得可观和明显。尤其是非语言活动被看作"语言"的时候，这种方法有很重要的意义。

语言学可以作为符号学（semiology）的研究模式，因为语言中的符号任意性和规约性非常清楚。非语言符号对于使用它们的人来说，没有什么特别需要注意的。但要研究其意义，就需要费很大力气，因为一个动作和行为表示什么意义并不因为其必然的和内在的特质，而是规约和惯例所表达的意义。索绪尔（Saussure，1960：68）写道：符号的任意性原则没有人反对。但是发现真理往往比为真理定位来得容易。上面所说的这个原则支配着整个语言的语言学，它的影响是多方面的。事实上，这些影响不是马上能看得很清楚的；人们经过许多周折才发现它们，同时也发现了这个原则是最重要的。

顺便指出，等到将来符号学建立起来的时候，它会提出这样一个问题：那些以完全自然的符号为基础的表达方式如哑剧——是否属于它的管辖范围。假定它接纳这些自然的符号，它的主要对象仍然是以符号任意性为基础的整个系统。事实上，一个社会所接受的任何表达手段原则上都是以集体习惯，或约定俗成，为基础的。例如，那些往往带有某种自然表情的礼节符号（试想一想汉人从前用三跪九叩拜见皇上）也仍是依照一种规矩确定下来的。强制使用礼节符号的正是这种规矩，而不是符号的内在价值。所以我们可以说，完全任意的符号比其他符号更能实现符号方式的理想；这就是为什么语言这种最复杂、最广泛的表达系统，也是最富有特点的表达系统。正是在这个意义上，语言学可以成为整个符号学中的典范，尽管语言也不过是一个特殊的系统。

索绪尔的符号学理论不仅开辟了一个新学科，而且为许多社会科学奠定了方法论基础。尽管符号学是一门年轻的学科，但事实证明能指与所指之间的关系无处不在，赋予社会符号特殊意义的潜在系统，是值得研究的。现在人们认识到，很多被认为是习以为常的事件，其实后面都有一定的习俗、制度和社会价值的制约。符号学的发展，当归功于索绪尔这位伟大的思想家和语言学家。

索绪尔实际上对现代语言学产生了两个重大影响。首先，他提出了一个总方向，让语言学家明确了以前从未质疑过的研究对象。在这个意义上讲，索绪尔是现代语言学之父。其次，他影响了现代语言学研究的一些具体概念，如符号任意性、语言单位之间的差异关系、语言系统与语言现象的区分、共时和历时的区分，等等。尽管这些概念都不是索绪尔首次提出的，但他的重大贡献在于开创性地推动和发展了这些概念，现代语言学的发展可以说是对这些准确概念及其意义的研究。因此可以说，索绪尔推动语言学进入了一个标志性的新时期，20世纪的所有语言学都是索绪尔语言学（Saussurean linguistics）。

第二节 布拉格学派

布拉格学派（布拉格语言学会）的形成可以追溯到1926年，马泰休斯领导召开了该学会的第一次会议。布拉格学派实践了一种独特的研究风格，即共时语言学研究。它对语言学最重要的贡献就是从"功能"的角度来看待语言。布拉格学派一度成为影响语言学发展的最为重要的源头，甚至可以毫不夸张地说，"欧洲任何其他语言学团体都没有像布拉格语言学会那样产生了如此巨大的影响"，"布拉格学派曾影响到美国语言学的每一项重要发展"（Bolinger，1968）。尽管第二次世界大战爆发后布拉格学派的活动突然中断，但捷克斯洛伐克国内的语言学活动一直没有停止。其间发表了很多有价值的论文，但都是用捷克语或斯洛伐克语。

一、语言理论

在布拉格学派形成的诸多观点中，有三点至关重要。第一，对语言的共时研究由于可以得到全面的、可控制的语言材料以供参考而被充分强调。同时，也没有严格的理论藩篱将之与历时语言研究相分离。第二，布拉格学派强调语言的系统性（systemic）这一本质属性。指出语言系统中的任何成分，如果从孤立的观点去研究，都不会得到正确的分析和评价。要做出正确的评价，就必须明确该成分与同一语言中相共存的其他成分之间的关系。换句话说，语言成分之所以存在，就在于它们彼此在功能上的对比或对立。第三，布拉格学派在某种意义上把语言看作一种"功能"，是一种由某一语言社团使用的、用来完成一系列任务的工具。

布拉格学派最杰出的贡献是区分了语音学（phonetics）和音系学（phonology）。根据索绪尔对语言（langue）和言语（parole）的区分，他们认为语音学属于言语，音系学属于语言。在此基础上，他们提出把"音位"（phoneme）概念当作语音系统中的一个抽象单位，区别于实际发出的音。为了确定音位，他们使用"互换测试"（commutation tests），就可以确定出改变意义的语音（如 bat/bet/bit）所具有的区别性特征。

这一基本概念被用在句法分析上。马泰休斯从句子所传达的信息角度来看待句子，认为句子有两个部分。第一部分是主位（Theme），即从上文能得到的已知信息，对要传达的新信息没有很大作用。第二部分是"述位"（Rheme），是要传达的新信息。例如，He loves linguistics 中的 He 是主位，loves linguistics 是述位。主位和述位的区分，对各种语言变体和不同语言的结构分析都有用处。后来发现，这与决定信息分布的潜在规则有关，于是出现了"交际动力"（communicative dynamism）概念。一个语言成分具有的交际动力强度，就是这个成分帮助把交际推向前的程度。

从音位、词、短语和句子的功能出发，有些学者把语言的功能当作一个整体来研究。布勒（Karl Bühler）在 1934 年提出，语言有三种功能：表达（expressive）功能、意动（conative）功能、指称（referential）功能。就是说，语言可以（1）表达说话者的感情；（2）影响听话者；（3）表现真实的世界。由于一句话语同时表达的功能不止一个，所以布拉格学派语言学家提出了第四种功能———美学（aesthetic）功能，即语言可以为艺术服务。在布勒的三分法基础上，雅各布森1960年又提出了三个功能：寒暄（phatic）功能、元语言（metalingual）功能、诗学（poetic）功能。寒暄功能建立和维持人际交往的关系，元语言功能描述语言本身，诗学功能与布拉格学派的美学功能一致。

布拉格学派早期研究主要有三个方面：（1）为语言事实的共时研究方法做了理论上的开拓；（2）强调语言的系统性特征；（3）强调语言在已知语言社团中所发挥的功能。

给布拉格学派语言学思想带来系统和结构概念的是俄国学者雅各布森和特鲁别茨科伊。在20世纪20年代末，雅各布森指出，如果孤立地看语言，不可能做出正确的分析和评价。要对一个语言里出现的成分进行正确的评价，必须考虑同一语言系统中的其他成分。他相信，在一个系统里，成分之间的关系经常受到影响并被其他的关系取代，这些变化的主要目的就是保持这一语言系统的平衡。20世纪50年代以后，新一代的布拉格学派语言学家继续老一辈人的传统，继续钻研。他们的理论可以归纳如下：

（一）语言的演变

语言不是一个绝对统一、封闭的系统，而是一个开放的、包含着相互依存的子系统的系统。子系统就是通常说的语言的各个层面——语音、形态、词汇、句法。这种子系统相互依赖的重要性在于，其中一个子系统发生变化就会导致同一语言中另一个或多个其他子系统发生变化。

（二）语言系统

雅各布森指出，没有一种语言具有完全平衡的系统。任何语言系统都有结构上的缺陷。虽然美国语言学家霍凯特和派克用"模糊点"（fuzzy points）来形容，但布拉格学派语言学家把这些结构缺陷称作语言系统中的"外围成分"（peripheral elements），与"中心成分"（central elements）相对立。即使语言结构有缺陷，也并不影响用结构方法研究语言。相反，这正好符合语言系统作为一个动态结构的看法。如果语言系统不是动态的，如果语言结构没有缺陷，语言也不可能发展。

语言系统不平衡的动态性是语言交际功能的必然结果。使用语言谈论的这个客观世界是不断变化的，而且越来越复杂。因此，语言就要不断打破自己的平衡以适应这种复杂性和交际功能的需要。这在词汇层面上尤为明显。为了描述日新月异的科学技术事实和社会现实，使用语言的人必须有新的词汇手段或给已有的词汇添加新的意义。在这种意义上讲，没有任何一种语言可以完美地执行所有交际任务，任何一种语言也不可能达到绝对平衡的状态。

（三）标准语言（standard language）

语言作为一个开放、动态的系统，这一概念可以用来分析标准语言。布拉格学派最先提出了完善的有关标准语言的功能理论。这个理论以"灵活稳定性"（elastic stability）的假设为依据。其灵活性特征是充分尊重语言系统的动态本质，其稳定性特征是强调语言的系统性（systemic）本质。对语言社团的成员来说，书面语言标准是某种稳定的规范，不仅保证人能相互理解，还能保证整个语言社团里有统一的美学价值。

"功能文体"（functional style）这一概念来自布拉格学派的一个认识：语言与言语行为之间有某种关系，因此，分析文体就是分析语言的不同功能。这种功能的基础就是语言的结构特征。但是，研究文体不仅仅意味着研究语言的词汇和语法特点，而且要研究语言的组织原则，或者说是功能性结构。词汇语法特征与组织原则之间存在着根本的不同，因为组织原则是独立于语言的成分。

（四）主位与述位

功能和结构方法使布拉格学派语言学家更深刻地看到了日常生活中话语的组成方式。在 20 世纪 30 年代，马泰休斯修正了传统语法中主语和谓语的概念，以"主位"和"述位"来代替。虽然英美语言学家在 50 年代提出了类似的"话题"（Topic）和"评述"（Comment）之区分，但马泰休斯的概念能够分析各种语言的结构并且分析出尚未知晓的句法学和文体学中的特色。

主位—述位的区别常常与主语—谓语之分相对应。我们说"张三打了李四"或 John killed Mary，因为我们已经在讨论着张三或 John，想说的是他做了什么，或者说，听话的人已经知道张三打人或 John killed someone 的事实，我们想告诉被打或被杀的人到底是谁。但是，如果听话的人知道李四被打或 Mary was killed，那么我们就要把"张三"和 John 放在述位，把"打了李四"和 killed Mary 放在主位，必须说"李四给张三打了"和 Mary was killed by John。

（五）语言功能

布拉格学派研究语言的方法对揭示语言的感情功能尤其重要。在布勒的三分法中，虽然第三个功能表达的是反映被表达的超语言现实（extralinguistic reality）的实际内容，但第一个和第二个功能都是为表达感情服务的。从这个角度研究实际话语的重要性在于，总能发现表达感情的语言完全是使用非感情交流目的的语言。例如，用表示女性的代词指称没有生命的物体，可以被看作感情色彩很强的一个信号：The poor little car, she had a breakdown. 这就使我们自然而然地总结出一个结论，语言使用的文体差异是使用语言的人在表达上的不同，实际上它们表达的是一样的超语言现实。使用语言的人在已有的语言资源和手段中做出了适当的选择，而且这一选择过程是为了不同的具体目的服务的。例如，一次旅行可以用不同的语言手段描述，取决于说话的人讲给亲密朋友、上司或写成游记在刊物上发表等目的。选择过程中的这些差异实际上与语言的所有层面有关。

二、音位学和音位对立

布拉格学派最突出的贡献在于其音位学说以及对语音学和音位学的区分。波兰语言学家科迪尼（Baudouin de Courtenay，1849—1929）早在1870年就区分了索绪尔后来命名为langue和parole的概念，在1876年区分了语言的静态和动态特征，在1881年又提出音素和音位是两个不同的语言学单位。他对布拉格学派语言学家的影响非常大，其中最具影响力的学者是特鲁别茨科伊。

特鲁别茨科伊生于莫斯科，其父是莫斯科大学教授，给他提供了很多参与学术讨论的机会。15岁时他就开始发表民间故事方面的学术论文。1908年进入莫斯科大学后，学习哲学和心理学。从第三学期开始，转向语言学，修了印欧语言的历史比较语言学课程。从1913年到1914年，他到莱比锡听布鲁格曼（Brugmann）和拉斯金（Raskin）等人的课程。1915年回到莫斯科大学，任历史比较语言学副教授。1917年移居国外，1922年开始在维也纳大学任教。1929年后，研究兴趣转向音位学。

他最完整和权威的论述都集中表述于1939年出版的《音位学原理》一书中。这是他历时12年苦心钻研的成果，去世前在病床上口授的。遗憾的是，离全书完稿还差20多页的时候，他与世长辞，年仅48岁。后来，他的著作被译成德语、法语、俄语出版。

特鲁别茨科伊在讨论音位时，沿用了索绪尔的理论。他提出，语音学属于"言语"，而音位学属于"语言"，因此首创了研究语言的独特方法"音位学"。他对音位学的定义是研究语音功能的学科。因而他和布拉格学派其他语言学家都被称作"功能主义者"。

日常生活中，我们可以发现语流中的音并不十分清楚。每一个音，只要与别的语音或别人发出的音有区别，都不是在一个准确的点上产生，而是在一个适当的范围内。比如，tea, two, tar 这三个词中的 /t/ 就不相同。只要在这个范围内，这个语音有好几种体现的方法。一旦一个语音的体现超出了这个范围，就会被理解为另一个音或说话者在表达别的东西。如果不顾语音的意义，我们就能发现，每一个语音都有独有的特征。有些音没有意义，不会使词汇的意义发生变化。而有些音会使词汇的意义发生变化，因为它们有区别性功能。这可以从元音系统看出。讲英语的人在这个区域范围内更有区别性。哪些音有明显的区别性特征？决定它们的是意义。不表示语义差别的语音差异不是区别性的，而是属于音位层面的。事实上，并不是语音本身来区别音位的，音位只是语音的对照性功能。因此，音位的定义就是这些区别性功能的总和。它不是个具体的东西，而是个抽象的概念，只有语音在区别意义的时候才是音位。

音位有三个特征：（1）有区别性；（2）是最小的语音单位；（3）只能通过区别性特征来确定。不同的语言有不同的音位系统，一种语言中具有明显意义的语音在另一种语言里并不明显。即使说话的人有微小的语音差异，只要他的发音基本正确，我们都不会理睬这些小差异而能明白他的意思。同样，当我们确定意义差别的时候，我们看的是最基本的区别性特征。这是音位学的基础。

特鲁别茨科伊在给区别性的语音特征进行分类时，提出了三条标准：（1）它们与整个具有对立性质的系统之间的关系；（2）对立成分之间的关系；（3）区别力的大小。这些所谓的对立可以被概括为：

①双边对立（bilateral opposition）。如果两个音位所共有的语音特征只属于这两个音位，它们的对立就叫双边对立。换句话说，就是它们共有的特征不同时出现在其他音位中。例如 /p/ 和 /b/ 就共有一个"双边"的特征。

②多边对立（multilateral opposition）。这是一种更为松散的关系。例如，/a/ 和 /i/ 仅仅因为都是元音这个特征而彼此相似，它们共有的"元音"这个特性也同时被其他的元音对共同拥有。

③均衡对立（proportional opposition）。如果同一项特征同时可以区分若干组音位，这种音位对立就叫作均衡对立。例如，英语里清与浊的关系（如 /p/ 和 /b/）就是均衡对立，因为它们之间的对立与 /t/ 和 /d/，/k/ 和 /g/ 之间的对立特征相同。

④孤立对立（isolated opposition）。如果两个音位的对立关系是独特的，是其他音位对立中找不到的，这两个音位的关系就是孤立对立。这种对立特征不能被语言中其他音位分享。例如，英语中的 /v/ 和 /l/，前者是一个唇齿摩擦浊辅音，后者是一个双边辅音，这就是孤立对立。

⑤否定对立（privative opposition）。如果两个音位的对立是一个具有某种特征而另一个不具有这种特征，就叫否定对立。例如，送气的 /p/ 和不送气的 /b/ 的对立，鼻化音 /m/ 和非鼻化音 /b/ 的对立。

⑥分级对立（gradual opposition）。如果两个音位的对立是一个具有不同程度的同一特征，就叫分级对立。

⑦等价对立（equipollent opposition）。如果两个音位可以在逻辑上看成是等价的，既不是分级对立，又不是否定对立，就叫等价对立。例如，英语中的 /t/ 和 /p/，/t/ 和 /k/。

⑧中和对立（neutralizable opposition）。如果两个音位在有些位置上是对立的，而在其他位置上失去对立，这就叫中和对立。例如，英语中的 /p/ 和 /b/ 现在 /s/ 之后就失去对立。再如德语中的浊辅音，在词尾位置上就变为清辅音：Rat（劝告）和 Rad（轮子），书写形式不同，但发音却完全一样。

⑨永恒对立（constant opposition）。如果对立的音位可以出现在一切可能的位置上而不会取消对立，则称永恒对立。例如，在尼日利亚的努皮（Nupe）语中，一般音位结构是一个辅音跟着一个元音，只有少数例外。/t/ 与 /d/ 的对立是在一切辅音位置上都不消失的对立，就是永恒对立。

特鲁别茨科伊对音位理论的贡献涉及四个方面。首先，他指出了语音的区别性功能并且给音位做出了准确的定义；其次，通过区分语音和音位以及文体音位学（stylistic phonology）和音位学，从而界定了音位学研究的范围；再次，通过研究音位的组合关系、聚合关系来解释音位间互相依赖的关系；最后，他提出一整套用于音位研究的方法论，如确立音位的方法和研究音位结合的方法。

三、区别性特征

特鲁别茨科伊发现了对立的特征，雅各布森进一步发展了音位学理论。

雅各布森曾就读于莫斯科大学东方语言专业。从20世纪20年代初开始在布拉格做研究和教学工作，直到1933年纳粹占领捷克时才离开，"二战"期间的大多数时间在美国纽约避难。1949年，到哈佛大学。实际上，雅各布森是欧洲与美国语言学传统之间为数不多的纽带人物。雅各布森1955年出版的《音系学与语音学》（*Phonology and Phonetics*）是区别性特征理论的杰出代表。他在声谱基础上分析了语音，为语音学和音系学都做出了重大贡献。比如，语音描述就是根据发音部位和发音方式对待和研究语音的。那么描述英语辅音时，就会写出课本上常用的那种复杂图表，这种方法不但烦琐而且不科学。科技的发展，可以使我们通过音响特征来区别声音。为了区别两个不同的音，如 /t/ 和 /d/，就可以描述其特征并描述其音响符号。以前只描述一个音是怎么发出的，现在可以描述这个音听起来是什么样子。

古典布拉格学派的理论把语音特征仅仅当作划分音位的依据，但雅各布森把特征本身（而非不可分割的音位）当作音位学的基本单位，并进一步拓展了有关理论。

语言学分析逐步把复杂的言语单位分解成语素，又把这些最小的意义单位分解成能相互区别的组成部分。这些组成部分叫作"区别性特征"。这样的话，语言和语言分析就有两层内容：一是语义，二是特征。

这些特征，每一个都涉及在一组对立的情况下做出的选择。雅各布森区分了两大组固有的特征，有十二种对立，几乎概括了所有语言的音系特征。所有这些固有特征可以分为两大类，分别是音响特征（sonority features）和音调特征（tonality features）。前者很接近韵律力（prosodic force）和量的特征（quantity features），后者很接近音高特征（prosodic pitch features）。

雅各布森把最小音位特征的概念看作与现代物理学中取得的成果相似，即物质是由基本微粒组成的。区别性特征理论揭示了构成语言音位的最基本特点。这一理论对音位学的重要性在于，建立在音响特征之上的区别性特征创造性地揭示了音位对立，而不是描述语音特征。

四、句子功能前景

句子功能前景（Functional Sentence Perspective）是一套语言学分析的理论，指用信息论的原理来分析话语或篇章。其基本原则就是评价话语中每一个部分对全句意义的贡献。

一些捷克斯洛伐克语言学家对以功能的视点分析句子的问题投入了相当大的注意力。他们认为一个句子总是包含有出发点和核心，所谓话语的出发点，是说话人和听话人都知道的东西——这是他们的共同点，叫作主位。而话语的目标，仅仅表现对听话人来说意义重大的信息，叫作述位。从概念出发点（主位）到话语目标（述位）的运动，揭示了大脑本身的运动。不同的语言使用不同的句法结构，但是表达思想的次序基本相同。基于上述论点，他们提出了"句子功能前景（FSP）"这一概念，用来描述信息是如何分布在句子当中的。句子功能前景主要涉及已知信息（被给信息）和新信息在话语中的分布形成的效果。所谓已知信息，是指那些对于读者或听者来说并非新信息；而所谓新信息，是指那些将要传递给读者或听者的信息。正像我们看到的那样，主语、谓语的区别并不总是对应于主位和述位。

马泰休斯对句子功能前景理论的最大贡献是探索了它所发挥的作用。他认为，词序现象构成了一个以词序原则（word order principles）为特征的层级系统。这个层级系统取决于这些原则运行的程度和方式。在捷克语的词序系统里，最主要的原则是句子功能前景：主位—过渡—述位的序列把词序转换成非感情性的、无标记的，而述位—过渡—主位的序列会转化成感情性、有标记的序列。马泰休斯的"过渡"是指实际上属于述位但处于外围状态而介于主位与述位之间的那些成分。他认为，在交流中，语言的词汇语法手段会因说话人当时的需要而被用来达到具体的目的。在与交际语境的要求相适应的情况下，词汇单位会获得意义，而这个意义从语法上讲，总有一个主语和谓语，并分裂成主位和述位。

丹尼斯（F.Danes）和其他学者提出了句法研究的三个层面：语义层面、语法层面、语境层面（句子功能前景）。早在1926年，尔特勒（V.Ertl）区分了语法主语（grammatical subject）、逻辑主语（logical subject）和心理主语（psychological subject）。例如，表达某人或某物的特性的逻辑主语是语义层面上的现象。马泰休斯把语义与语法结构看作可以在不同语境下发挥作用并表现出不同前景的手段，因此他区分了两种句子，一种属于语言系统，另一种属于语境的一部分（话语）。但是丹尼斯认为，话语现象显示出的模式正好是句子功能前景理论研究的对象。与这三个层次相一致，就可以区分语义句型（Semantic Sentence Pattern）、语法句型（Grammatical Sentence Pattern）、交际句型（Communicative Sentence Pattern）。就可以想象出一种语境，在这种语境里，语义结构与语法结构（如 John has written a poem）可以在动作者—动作—目标（Agent-Action-Goal）的语义句型、主语—动词—宾语（Subject-Verb-Object）的语法句型以及主位—过渡—述位（Theme-Transition-Rheme）的交际句型模式下充当话语。

在探索结构与功能的关系时，费尔巴斯（Jan Firbas）提出了"交际动力"（CD）的概念。其基础是，语言交际并不是静态的现象，而是动态的。费尔巴斯的这个概念是指信息形成过程中表现出来的交际特征。交际动力的大小是一个语言成分所起的作用，或者说是语言成分对交际影响的程度，因为它"向前推进交际"。因此在正常语序里，He was cross 可以从交际动力的角度来解释为：He 负载的动力最低，cross 负载的交际动力最高，was 介于两者之间。

费尔巴斯认为，研究语言材料中决定交际动力程度分布的规律，可以更深入地认识语言功能。任何成分——句子、短语、词、语素——都可以得到突出，以形成明显的反差。如 John was reading the newspaper 中，强调 was 就说明其他都是已知信息，只有 was 是待传送的信息，与现在时形成反差。在这种情境下，唯一传送新信息的成分是独立于上下文的，而其他所有传递已知信息的成分则依赖于上下文。因此，由于语境因素的存在，对上下文依赖与否主要取决于交际的目的，在 John has gone up to the window 中，the window 未必在上文是已知的，但是既然交际的目的是要表达"运动的方向"，the window 必然独立于上下文而出现。如果一个宾语与上下文无关，例如在 I have read a nice book 中，a nice book 比限定动词拥有更大的交际力，这是因为宾语是表示对动词的扩展，因而也就更为重要。同样地，例如在 He was hurrying to the railway station 中，独立于上下文的表示地点的状语成分要比行为动词的交际力更大。这是因为状语成分表示出动作的方向，因而比动词本身更为重要。

在确定独立于上下文的成分所负载的交际力时，有两个需要考虑的因素：（1）语义结构；（2）在线性排列中语言成分的位置。首先，对句子功能前景层次上的语义结构而言，如果一个宾语依赖于上下文，那么它就比限定动词负载着更大的交际力。这是因为，前者比后者中的这一部分更重要。其次，不依赖于上下文的地点状语成分要比表达运动的动词含有更大的交际力。表达动作的方向时，状语成分比动词的交际力更大。例如，在 I do not know you were hurrying to the railway station 中，were hurrying 并不比 to the railway station 含有的交际力大。

如果动词、宾语及状语不依赖于上下文，通常主语负载的交际力都要比动词、宾语及状语更小。这是因为主语表示出来的施动者，无论是已知还是未知，它的交际性都不如由限定动词表示出来的未知动作或是该动作所指向的未知的目标（由宾语和表地点的状语表现出来）重要。例如，在 A man broke into the house and stole all the money 中，其交际的最终目的是要陈述行为（the breaking and stealing）以及行为的目标（the house and the money），并不是那个施动者（a man）。但是，如果主语伴随着一个表示"存在"或"出现"意义的动词（也有可能是一个表示时间、地点的状语），而且主语是独立于上下文的，那么这个主语就具有最大的交际力。这是因为一个新人物出场或者某一事件的发生，人物或事件本身要比（诸如当时当地的背景等）场合和"出现"的动作重要得多，如 An old man appeared in the waiting room at five o'clock。而在 The old man was sitting in the waiting room 中，如果主语依赖于上下文，表示时间或地点的状语却不依赖上下文，这些状语就会变得更为重要，而且具有超过主语和限定动词的更大的交际力。在以上例子的结构中，语义内容和关系决定了交际动力的程度，而且它们与语言成分在线性排列中的位置没有直接关系。但是，并非所有的语义内容和关系都能以同样方式表示交际力的程度。例如，语境独立的不定式放在句末时，负载的交际力较小，试比较：

He went to Prague to see his friend.

In order to see his friend, he went to Prague.

同样，不受语境制约的直接宾语或间接宾语，出现在线性排列中位置靠后的那一个成分，交际力要大些，如 He give a boyan apple 和 He gave an apple to a boy。

费尔巴斯把句子功能前景定义为"不同程度的交际力的分布"。他的解释是，排列的第一个成分负载的交际力最低，然后逐步增加，直到交际力最大的成分。但是，相对于主位在前、过渡居中、述位在后的规则来说，总是有些例外的情况发生。而且，有时候整个分布场都不受语境的制约（如 A girl broke a vase），于是，主位也不一定总是受着语境的制约。但是，一切受语境制约的成分总是主位的。此外，非主位的成分总是独立于语境，但并非所有独立于语境的成分都是非主位性质的。

在实际分析中，遇到的情况要更复杂。费尔巴斯分析了英语中六类谓语动词的特征。第一类是以 What did you say？为代表的。疑问句有两种功能。一是表示提出问题的人希望知道什么，二是告诉被问的人需要提供什么信息。第一个功能是由 what 来实现的，第二个功能由其他部分实现。但是，句子的其余部分有好几个功能性前景：What did you say？ What did you say？ 和 What did you say？

第二类是以 They were booked up too，really... 为代表的。这个句子中的动词显然是已知信息，交际力基本消失。

第三类是以 The proprietor was most friendly 为代表的。英语动词中只有 to be 的语义因素最弱且交际力极小，只构成"过渡"。

第四类是以 Then I retired to a seat in a park and spent half an hour o rso... 为代表的。这类句子的动词语义成分也很弱，后面常常跟着一个独立于上下文的宾语成分，因此动词本身的交际力很弱，构成"过渡"。

第五类是以 We missed the news last night 为代表的。这类句子中的动词可以通过韵律特征（重读）达到对比的效果，从而获得极大的交际力，构成真正的述位。

第六类是以 Well, that does sound nice 为代表的。这类句子中的动词韵律特征功能最强。但其功能不是由动词的意义部分 sound 来完成，而是靠情态部分 does 来完成。

据费尔巴斯统计，这六类动词中，第四类出现的频率最高。揭示出词序仅仅是交际力分布的手段之一这一事实，具有深远的意义，因为虽然词序会有不同或变化，但在一个分布域（distributional field）内的语言成分之间与交际动力有关的关系总是不变的。

布拉格学派兴盛的时间虽然并不长，但它在语言学史上的意义是重大的。布拉格学派的语言学理论，全面深刻地体现了结构主义思想，使他们得出的原则具有普遍意义，从而使语言学研究走上了科学的道路。20 世纪的美国音位学、功能语法理论和文体学，都离不开布拉格学派的理论，如音位学理论和句子功能前景理论。

第三节　哥本哈根学派

在布拉格学派语言学家研究语言理论的同时，以丹麦哥本哈根为中心，诞生了结构主义三大流派之一的另一个语言学流派——哥本哈根学派。该学派成立于1931年，在欧洲结构主义的传统基础上继承和发扬了索绪尔的结构主义理论，在现代语言学史上具有重要地位。

哥本哈根学派人数不多，主要代表人物是叶尔姆斯列夫（L.Hjelmslev，1899—1965），其他代表人物有尤尔达尔（H.J.Uldall，1887—1942）和布龙达尔（V.Brondal）。

叶尔姆斯列夫生前曾任哥本哈根大学哲学系所属的比较语言学和语音学研究室主任。他一生的著作有百余种，不过集中反映其理论观点的著作是《语言理论导论》（Prolegomena to a Theory of Language，1943）一书。这位丹麦语言学家20世纪50年代才受到真正重视。他的理论极大地影响了后来提出层次语法（Stratificational Grammar）的美国语言学家兰姆（Charles Lamb）。

哥本哈根学派继承了索绪尔关于语言是一个符号系统、语言是形式而不是实体等观点，并进一步加以发展，从而形成了一个与布拉格学派极不相同的结构主义学派，有人称之为语符学（glossematics）。语符学强调语言学理论的本质和现状及语言与描述之间的关系。同时也区分了系统与过程，即对任何一个过程来说，都有一个相应的系统，在这个系统里，过程可以得到描述。语符学的主要特征之一是强调研究关系而不是物质对象。物质对象可以被看作功能性的。

哥本哈根学派的特点是偏重纯理论研究，具体语言分析方面的著述极少。因此，即使是赞成这个学派观点的一些语言学家也不得不承认哥本哈根学派的理论对语言科学没有多大的实际用处。例如，美国结构主义语言学家加尔文（Paul Garvin）就曾指出："当你理解了《语言理论导论》的观点时，你会感到一种享受。但是，另一方面，这本著作对于具体的语言分析帮助不大。"（冯志伟，1999：66—67）尽管哥本哈根学派人数不多，而且又偏重纯理论研究，但它在现代外国语言学诸流派中，仍占有重要地位，这大概是因为这种理论顺应了许多人文科学和精密科学发展的总趋势的缘故。

哥本哈根学派和布拉格学派都力图贯彻索绪尔的语言理论，但是这两个学派却以索绪尔语言理论的不同方面为依据，因此其结论也各有差别。哥本哈根学派的代表人物叶尔姆斯列夫抛弃了索绪尔关于语言的社会本质的论点，关于音位的物质性的论点，排除了索绪尔理论中与语言现实有联系的组成部分，而把索绪尔关于语言是一个符号系统、关于语言和言语的区分、关于语言是价值体系、关于语言是形式不是文体等论点发展到极致，得出了一个在逻辑上前后一贯的、自圆其说的语言理论体系。所以，我们可以把叶尔姆斯列夫的语言理论看成是对索结尔语言理论的片面解释，当然其中也不乏叶尔姆斯列夫本人的独到见解。

叶尔姆斯列夫在早期研究中相信，词序相当重要，研究表达应该优先于研究意义。后来在研究了格的范畴后认为，研究意义应该优先于研究表达形式，因为格可以由意群来界定。最后，他采取了一个非常抽象的研究方法，提出语言系统含有很多关系，语言学研究的重点应该是这些关系，而不是表现这些关系的成分。

叶尔姆斯列夫的《语言理论导论》是他语言学理论诸方面问题研究的高度概括。在这本书中他讨论了常量和变量问题、语言图式和运用、分析的实体、语言与非语言、符号学等。叶尔姆斯列夫对语言的描述无疑具有浪漫主义色彩，但他确实注意到了语言的重要特质：语言的遗传性、社会性、重要性，与思维的关系，与文化的关系及语言与言语的区别等。

叶尔姆斯列夫指出，不该把语符学与索绪尔的理论等同，很难说索绪尔的观点是如何在思想中具体形成的，而他自己的理论和方法在接触到索绪尔的观点之前就已经逐渐形成了。回过头来阅读索绪尔的《普通语言学教程》，更加证实他自己的许多观点。他说："索绪尔以前的语言学中，任何问题都是从个人行为的角度提出的。言语活动被缩小为个人行为的总和。新语言学理论与传统语言学的原则区别和转折点正是在这里。索绪尔尽管承认个人行为的重要性及其对语言变化的决定性作用，从而对传统观点做了充分的让步，但是他终于建立了与以前根本不同的原则：结构语言学，格式塔语言学（Gestalt linguistics），它应该代替，至少是补充以前的纯联想的语言学。"

叶尔姆斯列夫提到的"格式塔语言学"，也就是按照格式塔心理学建立的语言学。他认为，结构语言学实质上就是格式塔语言学。"格式塔"，是指任何一种被分离的整体而言的，格式塔语言学就是反对元素分析，强调整体组织的语言学。叶尔姆斯列夫认为，这种语言学才是真正体现了结构主义精神的结构语言学。在他看来，结构语言学必须强调，语言现象是一种格式塔，是一个"被分离的整体"，整体并不等于部分的总和，它并不是由若干个部分组合而成的，整体乃是先于部分而存在的，并且它还制约着部分的性质和意义。

叶尔姆斯列夫公开声称，哥本哈根学派是从属于用结构主义方法研究语言学的一个学派。他说："没有必要提及那些在语言学中应用结构主义方法而得出的结论。只要指出下述情况就足够了：有了结构主义方法之后，语言学才彻底脱离了主观主义及不精确的状况，才脱离了直觉的、纯粹个人的论断，而最终有可能变为真正的科学。……当语言学成为结构主义的语言学时，它才是客观的科学。"

一、语言的本质

叶尔姆斯列夫总结了前人对语言的观察，全面地阐述了语言的性质。他认为语言是取之不竭用之不尽的资源。"语言，即人的话语，是永不枯竭的、方面众多的巨大宝库。语言不可与人分割开来，它伴随着人的一切活动，语言是人们用来构造思想、感情、情绪、抱负、意志和行为的工具，是用来影响别人和受别人影响的工具，是人类社会的最根本、最深刻的基础。同时，语言又是每个人最根本的、不可缺少的维持者，是寂寞中的安慰；在十分苦恼时，诗人和思想家是用独白来解决思维矛盾的。在我们有意识之前，语言就已经在耳边回荡，准备环抱我们最初思想的嫩芽，并将伴随我们的一生。不论是日常最简单的活动，还是最崇高的事业，或者私人生活，人们一分一秒也离不开语言。是语言赋予我们记忆，我们又借助于记忆而得到温暖和力量。然而，语言不是外来的伴侣，语言深深地存在于人脑之中，它是个人和家族继承下来的无穷的记忆。而且，言语是个人性格的明显标志，不论是何种性格；它又是家庭和民族的标记，是人类的崇高特权。语言与性格、家庭、民族、人类、生活之联系如此紧密，我们甚至有时怀疑语言是这一切的反映，或者是这一切的集合，是这一切的种源。"

要建立一门真正的语言科学，而不是辅助性的科学，语言学就必须抓住语言的本质，不是把语言当作一种非语言现象的聚合，而是自足的、本身结构的总和。只有这样，才能真正、科学地研究语言。

二、语言学理论与人文主义

通过纯形式方法研究具体语言结构的理论，在考虑到言语变化音素的同时，不能只注意这些变化。根据语言的符号逻辑理论，叶尔姆斯列夫认为，语言学不同于历史、文学、艺术等人文科学，语言学理论要发现一种常量（constant），使之投射于现实。在任何过程中，必然有一个系统；在任何变动中，必然有一个量。语言学的任务就是演绎得建立这个系统，这个系统将预见到语言单位的各种可能的组合。因此，它必然要高于单纯描写的科学。正是这种常量不是语言以外的某种"现实"中的东西，它决定了语言的本质，使一切实体与变体基本一致。传统语言学所采用的归纳法只能指出不同语言中的差异，而不能引导研究者们得出他们所要追求的常量，因而不能建立语言理论。真正的语言学必须是演绎的。

三、语言学理论与实证主义

叶尔姆斯列夫认为，语言学理论要受实验数据检验。他的原则是，描写应该不出现前后矛盾，要详尽无遗，而且要尽量简单明了。但坚持经验/实证主义原则并不意味着坚持归纳法。叶尔姆斯列夫认为归纳法有明显的缺陷，发现的是变量，不是常量，如"完成""虚拟""被动"等概念在不同语言中指不同的事实，所以他坚持，语言学研究应该采用演绎法，从一般到具体，是分析而不是综合。尽管实证主义原则与归纳法似乎有矛盾，但他说只有通过这个办法才能更为全面地对待语言问题。一方面，语言学理论要能经得起语言事实的检验。另一方面，语言学理论应该囊括所有语言事实。也就是说，理论与事实应该互补。虽然语言学理论依赖于语言事实，但语言事实也可以依赖于理论。从任意性角度来看，这样的理论也许不现实。但从适合性上看，这样的理论又是现实的。

四、语言学理论的目的

叶尔姆斯列夫认为，以前的语言学往往把语言研究作为工具，而不是作为目的。把语言看成符号系统，为的是研究人类思维系统和人类心理实质；把语言看成一种社会制度，为的是研究一个民族的特征；把语言看成一种不断变化的现象，为的是研究个人语体变化和人类的变迁。叶尔姆斯列夫提出了语言学理论及其描述应该达到的标准。他说，语言学理论应该是内在的，也就是说，应该把语言当作自足的结构来分析，同时应该有任意性和合适性。其目的应该是提供一个描述程序，这个描述程序应该始终一致、恰当、简单。语言学理论研究的是篇章，但理论所提供的不仅仅是理解某个篇章的程序，而是理解一切篇章的程序，既包括现存的篇章也包括潜在的可能篇章，不仅适合于一种语言的篇章分析，而且适用于一切篇章的分析。

叶尔姆斯列夫忠实地继承了索绪尔的理论。他把整个语言学归为结构问题，即语言的形式问题，正是受到索绪尔的语言符号理论、价值理论和一系列对立关系等概念的影响。同时，他在很多方面发扬了索绪尔的思想。索绪尔把语言符号分为能指和所指，叶尔姆斯列夫提出了两个平面的理论，把语言世界分为两个平面四个方面，并提出了语言的三种关系（决定关系、依存关系和并列关系）。

哥本哈根学派的语言学理论，目的是解决两个问题。第一是语言学的对象问题，第二是语言研究的准确化问题。他们在追求形式化过程中，把语言学与数理逻辑紧密结合起来，认为只有语言学成为结构主义的语言学时，才是客观的、科学的。这个思想对包括哈里斯、乔姆斯基、韩礼德等不同语言学流派的语言学家都有很大影响。

第四节　英国语言学派

伦敦学派通常是指英国的语言学研究。英格兰不仅在语言学研究方面有着不同寻常的悠久历史，而且在现代语言学领域也独具特色。弗斯（J.R.Firth，1890—1960）使语言学在英国完全成为一门公认的科学，他也于1944年成为英国第一位语言学教授。在英国，大多数教授语言学的大学教师都接受过弗斯的指导或受反映弗斯思想的著作的影响。所以，尽管语言学研究后来开始在许多地方盛行起来，"伦敦学派"还是专门用来指独具特色并有英国风格的语言学研究。弗斯主要受到人类学家马林诺夫斯基（B.Malinowski，1884—1942）的影响。继而，他又影响了他的学生——著名的语言学家韩礼德（M.A.K.Halliday，1925—）。他们三人都强调"语言环境"和语言"系统"的重要性。因此，伦敦学派也被称为系统语言学和功能语言学。

一、马林诺夫斯基的理论

马林诺夫斯基自1927年开始一直在伦敦经济学院任人类学教授。他所创立的理论中，最重要的就是有关语言功能的理论，这与他纯粹的人类学研究有着明显的分别。在马林诺夫斯基看来，语言并非将思想从说话人的大脑传递给听话人的大脑的手段，也不是什么与思维相对应的东西，而应该被看作一种行为模式。按照马林诺夫斯基的观点，话语的意义并不来自构成话语的词的意义，而是来自话语与其所发生的语境之间的关系。

马林诺夫斯基的主张主要基于两种判断。第一，原始社团因为没有书面语言，所以语言只有一种用途。第二，一切社会中儿童都是以这种方式学会语言的。马林诺夫斯基巧妙地比喻道，在儿童看来，一个名称对它代表的人或物具有某种魔力。儿童凭借声音而行动，周围的人对他的声音做出反应，所以这些声音的意义就等于外界的反应，即人的活动。

马林诺夫斯基认为，话语常常与周围的环境紧密联系在一起，而且语言环境对于理解话语来说是必不可少的；人们无法仅仅依靠语言的内部因素来分辨话语的意义；口头话语的意义总是由语言环境决定。马林诺夫斯基还区分了三种语言环境：（1）言语与当时的身体活动有直接关系的环境；（2）叙述环境；（3）言语仅仅被用来填补空白的环境——寒暄交谈。

就第一种语言环境来说，马林诺夫斯基指出，一个词的意义并不是由其所指的自然属性给予的，而是通过其功能获得的。原始人学习一个词的意义的过程不是去解释这个词，而是学会使用这个词。同样，表示行为的动词，通过积极参与这个行为而获得意义。对于第二种语言环境，马林诺夫斯基进一步区分了"叙述本身所处的当时当地的环境"和"叙述涉及或所指向的环境"。第一种情况"由当时在场者各自的社会态度、智力水平和感情变化组成"。第二种情况则通过语言所指来获得意义（如神话故事中的情境）。马林诺夫斯基坚持认为，尽管叙述的意义与语言环境没有什么关系，但可以改变听话人的社会态度和思想感情。第三种语言环境是指一种诸如"自由的、无目的的社会交谈"。这种对语言的使用与任何人类活动都毫无关系，其意义不可能来自使用语言的环境，而只能来自"社会交往的气氛……谈话者之间的私人交流"。例如一句客气话，它的功能与词汇的意义几乎毫不相干，马林诺夫斯基把这种话语称为"寒暄交谈"。马林诺夫斯基在他1935年发表的《珊瑚园及其魔力》（*Coral Garden sand Their Magic*）一书中进一步发展了他的语义学理论，并且提出两个新的观点。第一，他规定了语言学的研究素材，认为孤立的词不过是臆造的语言事实，不过是高级语言分析过程的产物。有时候，句子是个自成一体的单位，但即使是句子也不能看作完整的语言素材。在他看来，真正的语言事实是在实际语言环境中使用的完整话语。马林诺夫斯基的第二个观点是：如果一个语音用于两种不同的语言环境，则不能称之为一个词，而应该认为是两个词使用了同样的声音或是同音词。他说，要想规定一个声音的意义，就必须仔细研究它被使用时的环境。意义不是存在于语音中的某种东西，而是存在于语音与环境的关系之中。

马林诺夫斯基的"语言环境"和"意义是情境中的功能"这两个概念,为后来弗斯的语言学研究提供了相当有益的背景。

二、弗斯的语言学理论

弗斯通过吸收索绪尔和马林诺夫斯基的某些观点继承了他们的传统,同时又发展了他们的理论并提出了自己的见解。在马林诺夫斯基的影响下,弗斯把语言看作社会过程,是人类社会生活的一种方式,而并非仅仅是一套约定俗成的符号和信号。他认为,为了生存,人类必须学习,而且学习语言是一种参与社会生活的手段。语言本身是一种做事的手段,也是一种使他人做事的手段;还是一种行为手段,也是一种生活手段。

在索绪尔的语言学思想影响下,弗斯认为语言有两个组成部分:系统和结构。"结构"是语言成分的组合顺序,而"系统"是一组聚合单位。因此,结构是横向的,系统是纵向的。

弗斯不完全同意索绪尔对语言系统与言语行为的区分,他也不同意语言学研究的对象是言语的说法。他认为,社会中的个人就像舞台上的一组演员,每个人都要扮演自己的角色。个体的人出生于自然(nature)并成长于教养(nurture),语言也有这两种特点。因此,语言有三种含义:

(1)语言有自然性。我们使用语音、动作手势、符号和象征的后面,有强烈的渴望和动机。

(2)语言是系统性的。我们接受教育的结果,就是学会了传统的系统和言语习惯,这些是牢固地存在于我们的社会活动中的。

(3)语言被用来指称很多个人的话语和社会生活中数不清的言语事件。

弗斯既不把语言看做完全天生的,也不把语言完全看作后天获得的。他倾向于采取一种折中的态度,认为语言既有先天成分又有后天成分。因此他坚持,语言学研究的对象是在实际使用中的语言。研究语言的目的就是把语言中有意义的成分分析出来,以便建立语言因素与非语言因素之间的对应关系。研究语言的方法是,决定语言活动的组成部分,说明它们在各个层次上的关系以及它们之间的相互关系,然后指出这些成分与所处环境中的人类活动之间的内在联系。也就是说,弗斯试图把语言研究和社会研究结合起来:人与文化价值是不能分离的,语言是文化价值非常重要的一部分,所以语言学可以帮助人们揭示人的社会本质。

（一）意义研究

弗斯的主要研究是语义学与音系学。在意义的研究上，他采用了社会学方法。他研究的"意义"不仅仅包括词汇与语法意义，而是更广的一个概念，包括了语言在具体语境中的意义。

弗斯在不同层面上研究了意义。在音系层面上，他相信语音由于语音所处的位置而有其功能，而且语音与其他可以在相同地方出现的音之间的反差也有其功能。在词汇层面上，他提出，词汇的意义不仅由其常规的指称意义（referential sense）来决定，而且受其搭配来决定。例如，在 March hare 和 April Fool 中，再也没有月份的意义。在情景语境层次上，弗斯认识到，要确定构成情景语境的因素，是很难办到的。但他在《语言学论文集》（*Papers in Linguistics*，1957）中列举的因素，包括了情景语境也包括了语言环境：

（1）参加者的相关特征：人物、性格

    （a）参加者的语言行为

    （b）参加者的非语言行为

（2）相关主题，包括物体、事件及非语言性和非人格性的事件

（3）语言行为的效果

弗斯指出，意义是用途，因此把意义定义为不同层次上的成分和该层面上成分与情景语境之间的关系。根据他的理论，任何句子的意义都含有以下五个部分：

（1）每一个音素和它的语音环境的关系

（2）每一个词项和句子中其他词项的关系

（3）每一个词的形态关系

（4）作为例子被给出的句子的类型

（5）句子与其所处语境的关系

第一是语音层，通过分析语音的位置和与其他音的对立来找出语音的功能。例如，英语中 /b/ 的特征如下：（1）是一个词（如 bed，bid）的首音；（2）出现在元音前；（3）在某些辅音前（如 bleed，bread）；（4）从来不在元音后出现。/b/ 与其他音的对立可以描述为：（1）/b/ 在词头出现时，与 /p/ 和 /m/ 有很多共同点。/p/ 和 /m/ 可以出现在 /s/ 前，但 /b/ 不能；（2）/p/ 和 /m/ 与 /b/ 的发音部位相同。不过，/b/ 和 /p/ 都是唇音而不是鼻音；/m/ 是鼻音而不是爆破音；（3）/d/ 是齿龈音，但与 /b/ 的对立与其和其他音的对立不同。

第二是词汇和语义层，这一层的分析目标不仅要说明词的所指意义，而且要说明搭配意义。例如，night 的意义之一是和 dark 的搭配关系，而 dark 的意义之一是和 night 的搭配关系。

第三是语法层，又分形态学层和句法层。在形态学层上研究词形变化，在句法层上研究语法范畴的组合关系，或称"类连结"（colligation）。这种关系是靠语言的组成成分实现的，如 We study linguistics。弗斯说，句法层上的类连结与词汇层上的搭配，其作用是相似的，都有相互期待的功能。但也有区别，因为类连结中的成分可以不连续。比如，宾语从句肯定会中断语法范畴的连续，如 The man who is going to make the announcement has not arrived yet。

第四个层面是情景语境。在这个层面上，研究的是非语言成分（如物体、行为、事件）及语言行为的效果。这种研究不区分词和思想。通过这样分析，我们就能解释为什么一定的话语在一定的场合出现，因此也就把"使用"等同于"意义"。弗斯的情景语境是指一系列情景语境，每一个情景语境都包含在更大的情景语境之中，最后所有的情景语境都在文化情境中发挥作用。

弗斯在前四个层面上没有做什么具体研究。像马林诺夫斯基一样，他把语言环境作为研究的重点。他对语言环境的定义包括整个言语的文化背景和个人的历史，而不仅仅是语言出现的环境中人们所从事的活动。弗斯发现，句子的变异是无穷的，于是他提出了"典型情景语境"（typical context of situation）这一概念。这样，就可以做出概括性的论断。用典型情景语境这一术语，弗斯的意思是，社会情景语境决定了人们必须扮演的社会角色；由于人们遇到的典型情景语境是有限的，因此社会角色的总数也是有限的。基于这个原因，弗斯说，与大多数人们所想象的不同，谈话更像一种大体上规定好的仪式，一旦有人向你说话，你则基本上处于一种规定好了的环境，你再也不能想说什么就说什么。于是，语义学就成了对出现在典型情景语境中的话语进行分类的问题。

弗斯继而进行了更为具体更为细致的语境分析。他提出，在分析典型语言环境时，应该在以下四个层面上进行：

（1）篇章本身的内部关系

　（a）结构中成分间的组合关系

　（b）系统中单位的聚合关系及其价值

（2）情景语境的内部关系

（a）篇章与非语言成分之间的关系及其整体效果

（b）词、词的部分、短语之间及情景语境中特殊成分之间的分析性关系

（二）语音研究

弗斯对语言学的第二个重要贡献是韵律音位学（prosodic phonology）研究。这是他 1948 年在伦敦语文学会（London Philological Society）提交的论文《语音与韵律成分》（*Sounds and Prosodies*，1948）中提出的一个分析方法。

弗斯的韵律分析方法独具特色。首先，他区分了组合与聚合关系。他认为，具有聚合关系的单位是"系统单位"（systematic units），具有组合关系的单位是"结构单位"（structural units），这是首创性的。弗斯的"韵律"有特殊意义。由于人和人的话语都是由一个连续不断的、至少由一个音节构成的语流，所以就不能切分成独立的单位。要分析不同层次的功能，仅仅靠语音和音系学描述是不够的。音系学描述仅仅说明了聚合关系，根本没有考虑到组合关系。弗斯指出，在实际言语中，并不是音位构成聚合关系，而是准音位单位（phonematic units）。音位单位中的特征要比音位中的特征少，因为有些特征是一个音节或短语（甚至句子）所共有的。当在组合关系中考虑这些特征时，它们都被称作韵律单位（prosodic units），可以用下列公式表示：

音位 − 准音位单位 = 韵律单位

音位 − 韵律单位 = 准音位单位

弗斯没有给韵律单位下定义。但是他在论证中描绘了韵律成分的组成，包括重读、音长、鼻化、硬腭化和送气等特征。总之，这些特征不单独存在于一个准韵律单位。

弗斯韵律音位学的第二个原则是"多系统性"（polysystemic），与"单系统性"（monosystemic）相对立。传统音位学把音位的变体看作同一个音位，认为它们是互补分布关系，如 /p/ 在 pin 和 speak 中送气与不送气的区别，都被归为同一个音位 /p/。单系统性的分析方法有时候会遇到问题，但多系统性分析方法可以通过系统概念表达出更多特征。如英语 ski，单系统性方法仅仅指出两个辅音和一个元音的序列，而多系统性方法揭示出同一个词更多的特征，用 C1C6V6 表示，意思是，在辅音 /k/ 前只有一个音位 /s/ 来组成一个辅音丛（consonant cluster），而在音位 /s/ 后可以有六个音位（/p/，/t/，/k/，/l/，/w/，/y/）来组成一个辅音丛。元音 /i/ 属于另一个六元音

系统。在汉语里，首位置可以有很多辅音出现，但在尾位置只有两个。但系统性方法把当作某个首辅音的变体，但实际上没有与之相似的首辅音。对弗斯来说，如果把它们看作属于两个不同系统，问题就很简单。

强调"多系统分析"并不意味着忽视结构分析。事实上，弗斯非常重视组合关系。他认为，分析话语的基本单位不是词，而是语篇（text），而且是在特定环境下的语篇。把语篇拆成各种层次是为了便于研究。各个层次是从语篇中抽象出来的，因此先从哪一个层次下手都无关紧要。但是，不论先研究哪一个层次，都必须分析语篇的韵律成分。

韵律分析与音位分析的区别，不仅仅是不同的方法揭示了不同的特征。完全可以说，韵律分析和音位分析都考虑到基本相同的语音事实。但是，在材料归类和揭示材料的相互关系上，韵律分析有很多优越性，能在各个层次上发现更多的单位，并且力图说明这些不同层次上的单位相互关联。这就是弗斯在音位学上最大的贡献。

弗斯于1957年提出，音位学与音段音位学可以合并。同年，乔姆斯基对布龙菲尔德的音位学提出了质疑，怀疑直接成分分析法是否能解释所有语言中的关系。乔姆斯基的目的是揭示语言的内在关系，但是弗斯研究具体话语，而且重点在情景语境上。

也有人对弗斯的理论提出批评。第一，他未能对自己的理论做出完整的系统的阐述，而且他自己的不同论文之间很难看到有什么联系。第二，他未能提出一套技术术语或范畴概念，使自己在不同层面的描述更为规范和统一。第三，他的论文艰涩，语义模糊，难懂。

布拉格学派、哥本哈根学派、伦敦学派的早期功能主义语言学理论，分别侧重不同的领域，为20世纪上半叶的语言学做出了显著贡献，也为20世纪后半叶的功能语言学奠定了坚实的基础。尽管布拉格学派的主要贡献在于音位学，但它影响到了当代语篇分析和文体学等很多领域。尽管哥本哈根学派的叶尔姆斯列夫提出的区别性术语仅仅是为语符学提出的，但它几乎影响到后来各个不同学派的语言学理论。伦敦学派的语言学理论，是韩礼德的系统功能语言学的直接理论基础。

第五节　美国语言学派

美国描写主义与结构主义语言学是共时语言学的一个分支，独立地诞生于20世纪初的美国，在人类学家鲍阿斯（FranzBoas，1858—1942）的领导下，形成了与欧洲传统完全不同的风格。事实上，鲍阿斯的研究传统影响了整个20世纪的美国语言学。

赵世开先生在他的《美国语言学简史》中，把美国语言学分为4个时期：（1）鲍阿斯和萨丕尔（Edward Sapir）时期（1911—1932）；（2）布龙菲尔德（Leonard Bloomfield）时期（1933—1960）；（3）哈里斯（Zellig Harris）时期（1961—1966）；（4）乔姆斯基（Noam Chomsky）时期（1957—）。这4个时期都属于20世纪，并不是说20世纪以前美国没有语言学，只是因为从这时开始才真正形成了具有美国特点的语言学理论。

美国语言学家裘斯（Martin Joos）曾写到，"美国语言学"这个术语通常有两种主要意义：第一种是对本地语言的记录和分析；第二种是美国式的语言学思想。实际上，美国语言学包括的两种含义，是指它的描写方法和它的理论。"美国描写语言学"只能是美国语言学的一个部分。

美国的语言学，总的来说，有自己独特的历史和传统。它虽然跟欧洲和其他地区的语言学有某种程度的联系，但根据本国的历史条件和文化特点走自己的道路。在早期，从本土印第安语的实际出发，不主张用别的语言的模式来描写本地的语言。

欧洲的语言学研究始于两千多年以前，而美国的语言学则始于19世纪后期。在欧洲，传统语法一直占据统治地位。而在美国，其影响却微乎其微。欧洲有众多的语言，并且都有自己悠久的历史和丰富的文化，而在美国，居统治地位的只有英语，而且没有欧洲语言那样的传统。此外，在美国最早对语言学感兴趣的学者是人类学家，他们发现印第安人的土著语言没有任何文字记载，当一种土著语言的最后一个使用者死去，这种语言也就随之消亡。而且，这些语言种类之多，彼此差异之大，在世界上其他任何地区都是极为罕见的。有1000多种美洲印第安土著语，分别属于150多个不同语系。据说仅加利福尼亚一地的土著语就比整个欧洲的所有语言还要多。为了记录和描写这些奇特的语言，人们往往无暇顾及这些语言的普遍特性。因此，这一时期语言理论的发展远远不如对语言描写程序的讨论多。

由于面向具体语言的事实，美国语言学从一开始就沿着自己的道路向前发展。这样就形成了美国式的结构主义，即美国描写语言学。

从20世纪50年代起，由于种种因素，美国的语言学中出现了一股新的潮流。它主张理性主义，反对经验主义。它重视语言的普遍现象，主张采用演绎法强调对语言现象做出解释，即唯理主义语言学。至今这样两种不同的思想还在激烈的冲突中。其中第一种思想以"美国描写语言学"为代表，第二种思想以"转换生成语法"为代表。然而，与此同时，除了这两种语言学思想外，在美国还有其他一些语言学思想，与欧洲以及其他地区的学派都有所不同。

有人把19世纪以前的语言学称为"前科学时期"，把19世纪以后的称为"科学时期"。对于这种分期有过不少争论。其实，所谓"科学"是不能超越当时的具体历史条件的。任何一门学科的发展都受同时代的哲学思想、科学技术和人文科学的水平的制约。凡是能反映当时学术思想的主要成就并合乎发展趋势的就具有时代的特征。从当时的角度来看，它就是"科学的"，也是进步的。

一、美国语言学的序幕

惠特尼（William D.Whitney）1827年生于美国马萨诸塞州，1894年在康涅狄克州逝世。1842年，他才15岁就插班进入威廉斯学院的二年级，1845年毕业。1849年进入耶鲁大学，跟当时美国唯一的梵文教授萨里斯伯里（E.E.Salisbury）学习梵文，也是萨里斯伯里第一个学梵文的学生。1850年，惠特尼到德国柏林大学，主要跟魏伯（Albrecht Weber）学习。在此期间，他还听过葆扑（Franz Bopp，1791—1867）的课。1853年回国后到耶鲁大学教梵文、法语和德语；1869年任耶鲁大学比较语言学教授。

惠特尼在梵文研究方面很有贡献，也培养了一代美国的梵文学者。他的主要代表作是《梵文语法》（*Sanskrit Grammar*，1879）。在语言学理论方面，他的主要代表作是《语言和语言研究》（*Language and the Study of Language*，1867）和《语言的生命和成长》（*The Life and Growth of Language*，1875）。另外，还写了《英语语法要点》（*Essentials of English Grammar*，1877）和《慕勒与语言科学》（*Max Muller and the Science of Linguistics: A Criticism*，1892）。

当时学术界把科学分为两大类，即自然科学（或物理科学）和人文科学（或历史科学）。惠特尼认为语言学属于人文科学。这跟当时欧洲某些学者的观点如施莱歇尔（August Schleicher，1821—1868）是不同的。

施莱歇尔认为语言学属于自然科学。惠特尼致力于使语言学成为一门独立自主的学科。他说，"一方面是物理学，另一方面是心理学，二者都力图占领语言学。但实际上，语言学既不属于物理学，也不属于心理学"（Whitney，1875：xxi）。他既反对把语言学归属于物理学，也反对把语言学归属于心理学，而是认为语言学应该制定自己独有的方法。所以他主张采用归纳法，主张语言学应该以经验的概括为基础，这种概括仅限于说明语言的现状和过去的状况。他反对毫无根据的假说和经不起推敲的演绎。在形态学的研究方面，他认为，把无限种类的实际事实加以分类和排列，并指出其活动的主要方面，在这些方面可以进行最有效的工作（Whitney，1875：144）。可见，惠特尼在语言描写方面已经鲜明地表现出经验主义的倾向，并且显示出以后美国语言学中以"分布"作为主要标准的观点。

在语言学中"心理主义"（mentalism）和"机械主义"（mechanism）或"物理主义"（physicalism）的两大阵营中，惠特尼站在心理主义的立场上。他强调人的意志的力量，认为语言产生于人类互通信息的愿望，信息交流的功能是语言的基本功能。

在语言的描写中，他只提到"结构"，而没有提出"系统"。他把语言看成词和句子的总和，在结构分析中，他把"位置"看成形式差别的重要表现方式。他写道，"在 You love your enemies but your enemies hate you 这个句子里，主语和宾语的区别完全依靠位置，……"（Whitney，1875：221）。总的来说，惠特尼要求尊重语言事实。

惠特尼重视实际，面向语言事实并注重归纳法，在语言描写中强调对语言现象的分类和排列，显示了美国式语言学的早期特点。然而，也应当指出，惠特尼的这些观点还不系统，也不成熟。总的来说，惠特尼为美国语言学揭开了序幕，被认为是第一代美国语言学家。

二、早期研究

（一）鲍阿斯

鲍阿斯与众不同之处是，他是人类学家，没有受过任何正式的语言学训练。他在大学的专业是物理学，对地理也很感兴趣。在以后的工作中，他自学了语言学。这种专业技能欠缺实际上对他的研究工作反而有利无害。欧洲语言学家强调语言的普遍性，鲍阿斯则与之不同，他认为世界上根本不存在什么最理想的语言形式，人类语言是无穷无尽、千差万别的。尽管一些原始部落的语言形式似乎非常原始，但这一判断丝毫没有事实上的根据予以支持。对于原始部落成员来说，印欧语同样是原始的。鲍阿斯强烈反对那种视语言为种族之灵魂的观点。他证明，种族的进化和文化的发展与语言形式之间没有必然联系。由于历史变迁的原因，原来属于同一种族的人开始使用不同的语言，同一种语言也可以被不同种族的人使用，同一语系的语言使用也可以属于完全不同的文化。因此，语言只有结构上的差别，而没有发达与原始之分。

鲍阿斯是调查墨西哥以北众多美洲印第安土著语的发起人。1911年是美国语言学史上划时代的一年。这一年出版的美国学者集体编写的调查结果，即《美洲印第安语言手册》。鲍阿斯亲自撰写了其中若干章节，并且为全书写了重要的序言，总结了描写处理语言的研究方法。从他的学术背景可以看出，他不受任何传统语言学的束缚，在语言研究中不带任何框框和偏见。在对美洲印第安语的实地调查中，他发现了印欧语以外语言的科学价值。这篇序言在美国语言学的历史进程中吹响了号角，它号召人们摆脱传统语言学的概念和方法，标志着美国描写语言学的开始，也是语言研究新方向的起点。可以说，从这一年开始，美国语言学掀开了它的第一章——人类语言学时期。

鲍阿斯论述了描写语言学的框架。他认为这种描写包含三个部分：语言的语音、语言表达的语义范畴、表达语义的语法组合过程。他已经注意到每一种语言都有它自己的语音系统和语法系统。对于要研究的语言，语言学家的主要任务是去概括各种语言的特殊语法结构和分析各种语言的特殊语法范畴。他处理美洲印第安语语言数据的方法是分析性的，不采用跟英语或拉丁语等语言比较的方法。鲍阿斯从人类学的观点出发，把语言学看作人类学的一部分，故而没有把语言学确立为一门独立的学科。尽管如此，他的基本观点和考察、描写语言的方法，不但为美国描写语言学铺平了道路，而且影响了几代语言学家。鲍阿斯还训练了一批人去调查其他语言。多年来，美国语言学界的著名人物都直接或间接地尊鲍阿斯为师。

1. 鲍阿斯的语言观

鲍阿斯的语言观全部反映在他为《美洲印第安语言手册》撰写的序言里。该序言共分五个部分：种族和语言、语言的特性、语言的分类、语言学和民族学、美洲印第安语的特点。

（1）种族和语言。

鲍阿斯论述生理类型、语言和文化之间的关系时认为，这三者没有什么必然的联系。他列举了各种例子，例如美洲的黑人，其生理类型未变，而语言和文化改变了；欧洲的马格雅（Magyar）人则保持了原有的语言，但跟说印欧语的人种混杂了；新几内亚地区的人在语言上很不相同，但在文化上却有共同点。因此，鲍阿斯认为，根据这三个不同的标准划分出来的种族很不一样。可见，人类种族的划分是人为的。语言学、生物学和文化史的分类有助于种族的划分。

（2）语言的特性。鲍阿斯首先讨论了语音的性质。他指出，虽然语音的数目是无限的，但是实际上每种语言都只选择固定的和有限的语音。每种语言都有自己的语音系统。他批驳了所谓原始语言中缺乏语音阶区别性的说法，认为这实际上是调查者本人受自己熟悉的语音系统的影响。例如，美洲印第安语中的鲍尼语（Pawnee）中有一个音，有时候听起来像是 /l/，有时候像是 /r/，或是 /n/，或者 /d/。这是因为它在词里的不同位置上受邻近的音的影响而改变。这个音在英语里没有，但它的变体并不比英语的 /r/ 多。鲍阿斯认为，根据记音人所记的语音系统可以看出他本人的母语。实际上记音人往往受自己母语的影响。

关于言语的单位，鲍阿斯认为，"由于一切言语都是用来交流思想的，表达的自然单位是句子，也就是说，包含完整思想的一个语音群"（Boas，1911：21）。词是从句子里分析出来的。他给词下的定义是："由于有固定的形式，明确的意义以及独立的语音，它是很容易从整个句子里分割出来的一个语音群"（Boas，1911：22）。可见，词是从句子里分析出来的。不过，鲍阿斯也认为这个定义带有某种任意性。因此，有时很难确定一群音究竟是独立的词还是词的一部分。特别是语音上很弱的成分，例如，英语里表示复数、领属和动词第三人称单数的 s，很难把它看成一个词。这种情况在美洲印第安语里常常会遇到。为此，鲍阿斯又补充了一点，即句子里语音上固定的部分可以自由地出现在各种位置上，而且语音形式不改变，这也是确定词的一个条件（Boas，1911：23）。即使如此，要确定某个语音成分是一个词还是词的一部分，仍然存在着不少问题。总的来说，鲍阿斯十分强调词跟句子之间的关系。他的基本看法是先有句子，词是从句子里面分析出来的。作为词的一部分，鲍阿斯区分了词干（stem）和词缀（affix）。词缀是附加到词干上修饰它们的。可是，如果修饰成分太多（如美洲印第安语中的 Algonquian 语有很多修饰动词的成分），就很难说哪个是被修饰成分哪个是修饰成分。在这种情况下，鲍阿斯把它们看成"并列成分"（co-ordinate）。

在语法范畴的论述中，鲍阿斯首先指出了不同的语言具有不同的范畴，表达概念的语音群的数目是有限的。由于概念多而语音少，如果所有的概念都用不同的语音表达，那么一方面语音群的数目会很大，而且看不出概念之间的关系。因此，人们把概念进行分类，并选择有限的语音来表达它们。由于经常使用，这些概念跟语音就建立了固定的联系。不同的语言在这方面是不同的，例如 water 的概念可以用不同形式表达，按性质是 liquid，按面积可以有 lake，按流量大小分 river 和 brook，还可以按其形式分成 rain，dew，wave，foam 等。这些概念在英语里都用单个词语表达，在其他语言中可能用一个词语的派生形式表达。

鲍阿斯认为描写语言的任务有三个：（1）该语言的语音成分；（2）用语音组（phonetic group）表达的一组概念；（3）组合和修饰语音群的方法。他指出，研究过欧洲和西亚语言的语法学家制定了一套语法范畴，他们往往想在每一种语言里都去寻找这些范畴。但是，实际上这些范畴只在某些语系里是特有的，在其他语系里会有另一些范畴。如印欧语里的名词有性、数、格这样一些范畴，而这些范畴并非对所有的语言都是必要的；性并非一切语言的基本范畴；名词的分类可以是各种各样的。北美的阿尔贡金语把名词分为有生命和无生命的两种，而这跟自然属性无关，因为小的动物被列入无生命类而某些植物被列入有生命类。总的来说，在美洲印第安语里，名词的性是很少有的。为了表达清楚，单数和复数对名词来说似乎是必要的，实际上也并非如此，因为通过上下文或者修饰名词的形容词也可以表示，如印第安语中的克瓦丘特尔语（Kwakiutl）就是如此。因此，名词的一些语法范畴并不一定在所有的语言里都有。不同的语言还可能有一些新的语法范畴，如许多印第安语里的名词有时（tense）的范畴，用以表示现在、过去或将来存在的事物，如表示"未来的丈夫""过去的朋友"等。

代词分类的原则在各种语言里也不是一致的。我们习惯于把代词分成三种人称，其中还分单复数，第三人称还区分性（如阴性、阳性和中性），三种人称的复数都不区分性。但是，南非的霍登托语（Hottentot）里不仅第三人称区分性，第一、二人称也区分性。问题是，第一人称"我自己"不该有复数，怎么能有一个以上的"我自己"呢？这说明，不同语言在人称代词的区分以及它们的单复数的区分上并不一致。

指示代词的分类原则各个语言也不相同，例如，美洲的克瓦丘特尔语还区分"看得见的"和"看不见的"，齐诺克语（Chinook）分现在和过去，爱斯基摩语（Eskimo）

还根据说话人的位置区分七个方向：中、上、下、前、后、左、右。

在印欧语里有标示人称、时、式（mood）和态（voice）的表达，但在美洲印第安语里表现也不相同。如爱斯基摩语里动词本身没有时的标示，也就是说，它不通过语法形式来表示时的概念。此外，表达时的概念也有不同，有的语言表达"起始""延续"（表示动作时间的长短）和"转移"（表示由一种状态转变为另一种状态）。式和体也是各不相同。总之，并非所有语言的动词的语法范畴都一样。在这一部分的最后，鲍阿斯总结道："根据以上所举的例子，我们的结论是，在讨论各种语言的特点时，我们会发现不同的基本范畴，在比较不同的语言时，为了给每种语言以适当的位置，有必要既比较语音的特点，也比较词汇的特点，还要比较语法概念的特点。"

（3）语言的分类。首先，鲍阿斯认为，如果两种语言在语音、词汇和语法上十分相似，就可以认为它们有共同的来源。一种语言分化成几种方言是很自然的。同一来源的语言在不同地区会发生语音和词汇的变化，但从中还是可以找到某种规律，以此确定新的方言跟它们母语间的历史关系。在比较不同的语言时，我们会发现相邻地区的语言的语音很相似，但词汇和语法的形式不同。例如，南非的班图语（Bantu）、布什曼语（Bushman）和霍登托语都有"咂音"（clicks），然而，它们之间在语法和词汇上都没有什么共同点。有的时候，我们会遇到语法相似但词汇却不同的情况，或者有很多词汇相似但语法上却不相同的情况。这就使我们难以确定这些语言是否有共同的来源。语言间相互的影响更增加了语言分类的复杂性。语音的影响最为明显。没有共同来源的邻近语言之间可能在语音上相互模仿，或一种语言影响另一种语言。语法上也可能相互影响。例如，拉丁语曾对现代欧洲语言的语法产生过影响。此外，在欧洲语言里引入新的后缀也并不少见。如英语里引入了法语的后缀 –able，它可以构成 eatable，getable 这类词。词汇中的借词更是常见的现象，而且有时数量很大。英语在这方面是个典型，它从诺曼人那儿吸收了很多词汇，还吸收了拉丁语、希腊语及世界各地语言的词汇。澳大利亚英语和印度英语就吸收了很多本地语言里的词汇。此外，土耳其语从阿拉伯语中吸收了大量的词汇。美洲印第安语不大吸收借词。当一种新事物引入时，它们多数采用描写的办法，例如，把"汽船"（steamboat）说成"背后有火，在水上活动"；但也有直接借入的，如 biscuit，coffee，tea 等。它们之所以用描写的办法，可能跟印第安语中描写性的名词比较普遍有关。

在语言分类中应该考虑两种不同的现象：从同一个祖传的语言分化而成的差异；某些相似的现象并非同一来源，其中有些是由于语言的混合（mixture）而形成的。鲍阿斯认为语言间的相似现象，可能出自一个来源，也可能是好几个不同来源。这需要历史的证据才能确定。鲍阿斯不同意完全用语言所处的地理环境的相同来解释语言间的相似现象。事实上，同处亚洲和南非的沙漠地带的语言，其语音并不相同。不同民族的文化也不能单纯用地理环境的影响来解释。历史的影响可能比地理的影响更大。至于语言间的相似现象，更不能只用地理和气候的影响来解释。生理的差别可能伴随心理的差别。但是，不同种族的生理差别并不是质的差异，而只不过是程度上的不同。不同生理类型的种族可以说同一种语言，这证明生理结构对语言的影响很小。可见心理的差别并不能用来说明不同语言的差别。语言的相似现象并不能证明它们都有同一来源，而且语言间还可以相互影响；此外，一种语言可以有自己新的发展，这些都使得语言的谱系很难确定。在这种情况下，对美洲印第安语的分类只能暂时按共同点来划分。

（4）语言学和民族学。这一部分主要论述语言调查在印第安民族学研究中的作用。鲍阿斯认为，在进行民族学调查时，最好能直接跟本地人谈话，通过翻译往往是不准确的。从实用的角度考虑，语言研究有助于民族学现象的调查和了解。接着，他论述了语言研究在理论上的重要性，并指出，语言是民族学现象中的一部分。通过语言研究可以了解人的心理现象。于是，他进一步阐明了语言和思维的关系。印第安语里一般没有脱离具体事物的抽象说法。例如，英语里 The eye is the organ of the sight，印第安人可能把这句话说成"某个人的眼睛是看东西的工具"。印第安语里缺乏表达脱离具体事物性质和状态的词语。这并不能说明他们的语言不能表达抽象性，而是在他们的生活中不需要这类表达；如果有需要，他们也能开发出这类词语。又如，爱斯基摩人的数词不超过"10"，这是因为他们没有很多东西要数。总之，这决定于是否需要。鲍阿斯曾在印第安人中做过试验，经过交谈发现，可以把"爱"和"怜悯"这类词从他们习惯用的具体的"某人对他的爱"和"我对你的怜悯"中抽象出来。此外，在某些印第安语中，如在苏恩语（Siouan）里，抽象的词语也是常见的。可见单就语言本身并不足以妨碍思维的抽象概括，而且语言本身也不能决定文化的发达程度。

（5）美洲印第安语的特点。鲍阿斯在这一部分里指出，过去人们把世界上的语言分成了四大类：孤立语、黏着语、屈折语和多式综合语，美洲印第安语被列入多式综合语（或者叫作"合成语"）。从这本《美洲印第安语言手册》所描述的语言可以看出，事实并非完全如此。所谓多式综合语或合成语，是指在这种语言里，各种不同的成分合并成一个词的形式。然而在印第安语里，有很多语言并没有这种现象。例如，齐诺克语就很少用单个的词表达好些个复杂的概念。阿塔巴斯坎语（Athapascan）和特林吉特语（Tlingit）虽属多式综合语，却把代词性主语和宾语作为独立的单位。所以，多式综合语或合成语并不能看成所有美洲印第安语的特点。另一方面，美洲印第安语有另外一些常见的特点。例如，把动词分成主动（active）和中性（neutral）两类，其中之一跟名词的领属形式相连，而另一类才是真正的动词。美洲印第安语言的语音系统很不完整，例如，伊洛魁语里没有一个真正的唇辅音，海达语（Haida）里唇音也很少。印第安语的元音系统也不一致。

许多印第安语的语法现象也很不一致。不过，在组词和造句时，附加成分用得很广泛。印第安语里有前加成分、后加成分和中插成分。其中后加成分比前加成分用得广泛，有的语言只用后加成分，没有一种语言只用前加成分的。词干的重复和音变现象也比较常见。

鲍阿斯最后指出，由于缺少历史文献，虽然印第安语也有类似印欧语的历史发展过程（某些语法范畴消失了，又出现一些新的语法范畴，如主语和宾语的形式差别，代词的性的范畴），但目前无法说明这些范畴的历史演变。这种分析语法的方法只能说明现状，今后还应做彻底的分析和对各个语群的所有方言进行比较来补充。鲍阿斯根据分析的结果，把墨西哥以北的北美印第安语分成了 55 个语系。

2. 鲍阿斯的贡献

鲍阿斯的学术道路是从物理学和地理学开始，再由地理学进入人类学。在人类学的研究中，他认为语言对于了解和描写一个社会的文化有着特别重要的作用，也可以说，语言对于了解文化的其他方面是一个关键。他不仅自己身体力行，还组织了一些人调查了墨西哥以北的北美印第安语言。由于他是自学语言学的，因此他不受任何其他传统观念的影响。面对一群陌生的语言，而且这些语言又没有历史的文献，这就迫使他必须从实际的语言事实出发，对语言结构进行共时的分析和描写。

《美洲印第安语言手册》是一部约有 15 种语言描写素材组成的集子，由鲍阿斯等人集体写成。而其中的"序言"已成了一篇经典著作，说明了美洲印第安语言的结构特征，并指出每一种语言都有它自己的语音、语义和语法的结构。根据实地调查发现，印欧语的语法范畴并不是普遍的。因此，鲍阿斯建立的原则是：描写一种语言只能根据它自己的结构，不能也不应该用其他的语言结构来套这种语言。对语言学家来说，研究每种语言的特殊结构，是分析者最重要的任务，描写本身才是目的。对于人类学家来说，这是了解某个社会的文化的第一步。鲍阿斯这篇"序言"的重要性在于它指明了描写语言学的道路，推动了语言共时描写的研究。可以说，它是美国描写语言学诞生的"宣言书"。作为美国描写语言学的先驱，鲍阿斯的这一贡献将永载史册。当然，鲍阿斯在做出巨大贡献的同时，也有不足。第一，鲍阿斯从人类学研究出发，把语言学只看成人类学的一部分。第二，鲍阿斯并没有建立一套新的完整的描写方法。他的贡献只在于推动了共时描写的研究。第三，鲍阿斯注意到了对不同的语言应该发掘其不同的现象和特征，有必要创立一些新的概念和方法。不过，如果没有鲍阿斯，也许就没有现在的美国语言学。

二、萨丕尔

萨丕尔与鲍阿斯一样，也是一位杰出的人类语言学家。萨丕尔于1904年毕业于美国哥伦比亚大学（Columbia University），主修的专业是日耳曼语。在见到鲍阿斯之前，萨丕尔很自信能够深刻理解语言的本质。同年在纽约遇见了比他年长26岁的鲍阿斯后，萨丕尔发觉自己似乎仍有很多东西需要学习。于是，他选用具有自身文化背景的当地发言人，开始着手按照鲍阿斯的方法去调查美洲印第安语，脚步踏遍了华盛顿州、俄勒冈州、加州、犹他州等地。对于萨丕尔来说，这是一段极为宝贵的经历，同时是对试图把印欧语语法范畴套用于其他语言的传统实践的一次根本性的革命。

萨丕尔开始在美国西部工作，1910—1925年在加拿大工作，担任渥太华的加拿大博物馆人类学部的主任。在此期间，他写了不少民歌，1925年出版了《法属加拿大的民歌》（Folk Songs of French Canada）。1917—1931年，他共发表了200多首诗，并写了一些有关艺术等方面的评论文章。1925年，他回到美国，在芝加哥大学任教；1931年到耶鲁大学任教，直至65岁逝世。

萨丕尔的全部心血凝结于1921年出版的《语言论：言语研究导论》（Language: An Introduction to the Study of Speech）一书中。这也是他撰写的唯一专著。萨丕尔从人类学的角度出发来描写语言的特点及其发展，其重点是类型学。这部书的目的是要"给语言学一个适当的展望而非堆积语言事实"。这本书很少述及言语的心理基础，对特殊的语言也仅仅给出充分的现实描写或历史事实来说明其基本原则，主要目的在于说明语言是什么；语言怎样随着时间和地点而变异；语言和人类所关心的其他根本问题之间的关系是什么，如思维问题、历史过程的本质、种族、文化、艺术。

萨丕尔的《语言论》涉及的内容非常广泛，详细论述了语言成分、语音、语言形式、语法过程、语法概念、结构分类及历史演变等诸多问题。

（一）语言的定义

在《引言》里，萨丕尔给语言下了个定义："语言是纯粹人为的、非本能的，凭借自觉地制造出来的符号系统来传达观念、情绪和欲望的手段。"萨丕尔甚至将语言与行走相比较，说"行走是人的遗传的、生理的、本能的功能"，"是一种普遍的人类活动；人和人之间，行走的差别是有限的"，并且这种差别是"不自主的，无目的的"。他指出，语言不同于行走，它是非本能的，是社会的习俗。语言作为一种符号系统，它的特性是一种特别的符号关系。一方面是一切可能的意识成分，另一方面是位于听觉、运动和其他大脑和神经线路上的某些特定成分。

关于语言和意义之间的关系，萨丕尔认为语言和意义的结合是一种并非必然但可能确实存在着的关系。萨丕尔也注意到了语言与思维的关系。他认为，尽管二者的联系如此紧密，但实际上并不相同。语言是工具，思维是产品；如果没有语言，思维是不可能实现的。萨丕尔还注意到语言的普遍性。他说，人类的一切种族和部族，不论其多么野蛮或落后，都有自己的语言。除去形式上有所差别，各种语言的基本框架（毫不含糊的语音系统、声音与意义的具体结合、表达各种关系的形式手段等）都已发展得十分完善。语言是人类最古老的遗产，其他任何有关文化的方方面面都不可能早于语言。可以说，如果没有语言，就没有文化。

（二）语言的成分

萨丕尔讨论了词根（radicals）、语法成分、词和句子。他用"词根"而没有用后来描写语言学常用的 morpheme 和 phoneme 等术语，因为他认为语言成分不仅具有区别功能，还应该有指示功能。语音必须与人的经验的某个成分或某些成分（如某个或某类视觉印象或对外物的某种关系的感觉）联系起来才构成语言的成分。这个经验成分就是一个语言单位的内容和"意义"。音义结合才是语言的形式。他给语言形式的基本成分下的定义是：词根和语法成分是单个孤立的概念在语言中相应的部分；词是从句子分解出来的、具有孤立"意义"的、最小的叫人完全满意的片段；句子是命题的语言表达。萨丕尔用大写字母（如 A，B）代表词根，小写字母（如 a，b）代表附属的语法成分，用圆括号表示粘着成分，用加号（+）表示组合，用数字 0 表示零形式。他列举了五种形式类型：

A： 如诺特卡语里的 hamot（骨头）

（A）+（B）： 如拉丁语的 hortus（花园）

A+B： 如英语的 fire engine

A+（0）： 如英语的 sing（不加附属成分 –ing, –s 等）

A+（b）： 如英语的 singing

（三）语音

萨丕尔的重点不在于论述语音，他关心的不是语音的异同，而是语音的格局（phonetic pattern）。正因为如此，他后来发表了《语言的语音模式》（*Sound patterns in language*，1925）一文。他用 AB 两个人说话中发 /s/, /θ/ 音的图表明，B 的 /s/ 与 /θ/ 不一样，但与 A 的 /θ/ 很接近，B 的更接近 A 的 /s/ 而不接近他的。根源是，尽管 AB 两人的语音系统有差别，但他们所使用的语音差别数量和区别性功能的数量是相等的。这种音差跟音乐上的音差一样，同一首歌可以在不同的琴键上弹。语音上的其他区别也应该是这个道理。因而，一个语言中的区别性特征，在另一个语言里并不起作用。英语 bat 与 bad 的元音之间的差别，德语里也有，如 Schlaf（睡眠）和 schlaff（松弛的）。

在语音的音位学说中，萨丕尔属于"心理派"，他强调语音的心理基础。他认为，在一种语言独具的纯粹客观的、需要经过艰苦的语音分析才能得出的语音系统的背后，还有一个更有限制的、"内部的"或"理想的"系统。它也许同样地不会被一般人意识到是个系统，不过它远比第一个系统容易叫人意识到是一种模式、一个心理机制。

（四）语言的形式

萨丕尔很重视形式的结构和模式。他先讨论语言的形式手段，即语法过程（grammatical processes），区分了六种语法过程的类型：（1）词序（word order）：在不同的语言里，词序的重要性是不同的。例如，拉丁语的词序只起修辞的作用，没有语法的功能，而英语和汉语的词序就很重要。如英语的 he is here 和 is he here？就由于词序不同而形成不同的句型。（2）复合（composition）：把两个或更多的词根成分合成一个词的过程。复合的整体意义跟组成它的成分的词的价值并不一致，如英语 typewriter 的意义跟 type 和 writer 加起来的价值并不相同。（3）附加（affixation）：这在各种语言里是最常用的语法程序。附加法的三种类型（前加、后加和中加）里以后加最常见，如加利福尼亚州的一种印第安语雅纳语（Yana）里甚至有几百种后加成分。（4）变换（modification）：指词根或语法成分内部分元音和辅音的变换。元音变换如英语的 goose 和 geese；辅音变换如英语 house（n.）和 house（v.）。（5）重叠（reduplication）：指词根成分的全部或部分的重复，如英语的 goody-goody, riff-raff, roly-poly。一般用来表示复数、重复、习惯的行为、持续性等。（6）重音的变异（variation in accent）：这种变异包括音重和音高。

萨丕尔—沃尔夫假说的核心是人的语言影响了人对现实的感知。我们看到的世界是语言所描述的世界，因此我们生活在其中的世界是一个语言结构。有多少种语言，就有多少种分析世界的方法。也就是说，世界上的语言不同，各民族对世界的分析和看法也不同。自从古希腊时代至今，语言与文化、种族、思维的关系一直困扰着哲学家、心理学家、人类学家和语言学家。古希腊人认为，语言是思维的外表。但是萨丕尔和沃尔夫对这一看法提出了挑战。沃尔夫在大学是学化工的；毕业后一直在康涅狄克州的一家保险公司任职。语言学对他来说是一种业余的爱好。在分析失火的报告中，他发现语言起着很大的作用。例如，人们走近"盛满汽油的油桶"时十分小心，但走近"空油桶"时却非常大意，殊不知"空"油桶内含有易引起爆炸的汽油的气体，它比盛满汽油的油桶更加危险。这件事加深了他对语言影响世界观的信念。萨丕尔于 1931 年到耶鲁大学工作，该校离沃尔夫的工作地点哈特福德（Hartford）仅 30 多英里，沃尔夫成了萨丕尔的合作者，并开始集中力量研究在亚利桑那州（Arizona）的美洲印第安语河皮语（Hopi）。

萨丕尔—沃尔夫假说的两个主要组成部分是：语言决定论和语言相对论。第一个观点坚持，语言决定思维；第二个观点坚持，语言的结构多样化是无止境的。典型的说法是，如果亚里士多德讲汉语的话，他的逻辑肯定是另一个样。

1. 语言决定论

语言决定论即人的思维完全受自己的母语影响，因为人只能通过自己语言中的范畴和区别特征来认识世界。萨丕尔说，人不是孤立地生活在世界上的，也不是孤立地生活在一般意义上的具有社会活动的世界里，而是受他们所处的社会中作为表达媒介的特定语言的影响。这个"真实的世界"在很大程度上是建立在这一群体的语言习惯之上的。不会有两种表达同一社会现实的语言。不同的社会所处的世界是完全不同的世界,并不仅仅是带着不同标记的同一个世界。语言不仅仅指称独立于语言而获得的经验,而是实际上决定着我们的经验。

沃尔夫的证据主要来自河皮语与英语的对比。他说,在英语和其他印欧语言里,词汇分为两大范畴:名词和动词。这一区别会让讲英语的人感到,世界也分为两种范畴:动作和物体。因此,他们把抽象的和没有形状的东西也当作物体。例如,时间是一个连续体,但讲英语的人把它当作可以分段和可以用数字来计算的东西,所以才有"两天"和"三个月"等的说法。但在河皮语里,他们不说"三天"而说"第三个白昼";他们不说"七天比六天多",而说"第七天比第六天晚"。

萨丕尔—沃尔夫的语言决定论受到过强烈的质疑。第一种批评意见是,沃尔夫的观点是循环性的。如果两个东西之间建立起一种关联,应该有各自的独立性,要判定其中一个就不需要取决于另一个。河皮语的时间概念与英语不同,正是由于其表达概念的方式不同。这就从根本上瓦解了沃尔夫的概念差别取决于语言差异的论断,因为从这个角度看,也会有人提出另一个论断,即所谓的语言差异实际上是由于概念差异形成的。最令人信服的方法是找到语言以外的证据,但沃尔夫未能找到。第二条批评意见是有关翻译的问题。沃尔夫一遍遍地以"计算日期"的方法为例来说明讲河皮语与英语的人在对待时间上的不同,但这仅仅是字面翻译中的一个大问题。过分重视字面翻译的话,就会在别的语言中发现一些差异,而这些差异实际上并不真正存在。如果把英语的 He is really something 按字面翻译,就成了"他确实是一个东西";把汉语的"他不是个东西"按字面译成英语 He is not an object 或 He is not something,就令人不知所云。这就说明,意义上的翻译并不一定反映思维结构。重要的是,在字面翻译中,人实际上如何思考与如何表达,两者之间的确有差别。这是研究语言相对论中需要解决的第二个方法论问题。

2. **语言相对论**

萨丕尔—沃尔夫假设中语言相对论的关键是,一种语言系统里的范畴和区别特征对这一语言系统来说是独特的,与其他系统不相容。沃尔夫说,语言系统(语法)是人类背景知识的一部分,这种背景被人当作自然而然的东西,因此也从来没有意识到它的存在。只有当发生了不正常的事情时,人才意识到这种背景现象。这种背景性的语言系统不仅是一个表达思想的重复性的工具,而是限制着人的思维的东西,引导人的心理活动。形成思想的过程并不是独立的,而是一种独特的语法,在不同程度上因语言不同而不同。人们并不是用语言来表达已经存在的东西,而是用自己的母语所提供的框架来切分并组织自然世界。在这个过程中有一个共同的认可为基础,离开这个基础,人类就无法谈话也无法相互理解。这一事实对科学尤其重要,因为没有人能不受某种解释手段的影响而客观地描述自然,不论他自己认为自己多么"客观"和不受干扰。实际上,真正能说自己最接近独立和客观的是懂得很多不同类型语言的语言学家,但谁也做不到。因此,又有一个新的相对论:除非世界上的观察者具有同样的语言学背景,否则他们不可能用同样的方法在同一个对象中获得同样的数据。

沃尔夫说,讲一种语言的人经验的感知事件可能与站在旁边讲另一种语言的人感受到的完全不同。人们看到彩虹时,大多数讲英语的人看到了红色、橙色、黄色、绿色、蓝色、紫色。但沃尔夫说,人们看到的颜色来自他们语言中颜色命名的影响。有些语言并不是把颜色分成同样数量的基本色。有的语言不能区分绿色和蓝色,讲这种语言的人描述彩虹的方法就跟讲英语的人所描述的不同。在河皮语里,祈雨的人把云当作活着的东西。沃尔夫指出,单从这一个例子中难以说明这个用法属于隐喻,是特别的宗教性修辞手法,还是讲河皮语的人真的相信云是活着的东西。

萨丕尔和沃尔夫认为,语言给人的影响要比人给语言的影响大。用最简单的话来说,就是,除非事物的区别用语言手段表示出来,否则我们没法做出区分。但这个说法也缺少根据,因为河皮语中的"昆虫""飞机""飞行员"是同一个词,但并不说明讲河皮语的人没法区分这些不同的东西。

围绕这一争论,有两个问题。第一个问题是,语言在多大程度上塑造和影响思维与文化?当我们使用一种语言时,就接受了其中蕴含的前提及所反映的文化价值。有些前提概念受到质疑并被新的思想观念取代,这些新的概念会成为后代人所接受的常识,直到有一天被更新的思想观念取代。一个社团的语言和该社团中的个人之思想就是这么相互影响的。个人对语言的影响也许更重要,因为语言对个人的影响是消极的,只能被解释为个人未能仔细观察所有的概念。第二个问题是,语言模式和文化规范,应该把哪一个当作主要根源?社会学家做了很多实验,试图发现语言结构在多大程度上影响人对世界的感知。对同一个物体和现象,不同语言有不同的描述,这就说明一个事实，使用一种不同的语言，使用语言的人就使用了一整套不同的社会价值观念并且在经受着一个不同文化的影响。尽管语言对人类思维会产生一定的塑造和限制的效果，这是毫无疑问的，但人在使用语言时的创造性作用却不能忽视。

为什么有些概念很受到人的注意而有些概念不大受到人的注意？为什么语言在描述很明显的对象时会产生很大的差异？沃尔夫并不关心这些问题。他为了说明自己语言相对论所举的词汇例子仅仅解释了一个很简单也很熟悉的原理：不同的文化特征，不论是环境的、物质的、还是社会的，都会产生不同的语言特征。文化特征不仅因言语团体不同而不同，而且会在同一言语团体内发生变化。一个文化中有了新的需要，其语言就会立即做出反应，造出新词或借用外来词，或者给已有的词汇添加新的意义。

萨丕尔·沃尔夫假设也不符合人的直觉。如果语言决定思维的话，没有语言就没有思维。如果讲不同语言的人之间的差异没有任何制约的话，他们就不可能按照相似的方式看同一个世界。同样，如果我们能找到一种限制人们学习语言的方法，那就能控制他们的思维。如果语言决定思维，讲不同语言的人就永远没有可能相互理解。但事实是，讲不同语言的人不但可以相互理解，而且同一语言框架也可以产生完全不同的世界观。

现在人们的广泛认识是，语言与文化的关系是辩证的。每一个语言都是文化的一部分，其功能是为文化服务并反映着文化的需要。一个言语社团的文化需要与其语言资源不可能完全一致。因此，语言决定论和文化决定论都不能准确地解释为什么一种语言会选择自己独特的符号系统。不过，萨丕尔—沃尔夫假设让人们进一步认识语言与思维、语言与文化的关系，把人们的注意力引向文化对语言的影响以及语言对思维的影响。这一假设对人类学、社会学、语言学、语言教学等领域都有深远的影响。

萨丕尔在1929年以后对于语言的本质以及语言跟心理学和社会的关系等观点，散见于一些论文之中，其中的一些已汇集成册——《萨丕尔论语言、文化和个性选集》（*Selected Writings of Edward Sapir in Language*，*Culture*，*and Personality*，1949）。萨丕尔强调语言模式的心理基础，这使得他的学说在行为主义盛行的时期一度受到人们的冷落，但是一旦语言的心理现象受到重视时，人们自然又会想到他。萨丕尔没有能在语言分析和描写方面建立一套完整的科学的术语和方法，但从美国人类语言学的整个发展时期来看，他的独特贡献是无人能比得上的。

有人把萨丕尔比作美国语言学中的莱伯尼兹（Leipniz）。这意思是说，美国语言学的发展从他开始是一个转折点。在他以前（也包括他自己），美国语言学是以人类语言学为主，从此以后，美国语言学进入了以描写语言学为主的历史时期。

第五章　英语语言学的隐喻理论在外语教学中的应用

隐喻普遍存在于各种文体中。人们大量地使用隐喻来表达自己的情感与思想。Haase 曾说，语言本身就是一个大隐喻。隐喻在我们的日常言语中居于中心地位，影响人们的思维方式，同时体现了人所居住的世界的文化模式，是人们交流思想，认识事物的有力工具（Ashton，1997）。

第一节　认知隐喻理论

隐喻是一种复杂的语言和思维现象。它由喻题（tenor）、喻体（vehicle）和喻底（ground）三部分组成（Richards，1965）。观察、描述和解释喻题和喻体之间的特征、相似基础、喻体意义向喻题转移的过程和隐喻性表达式的意义再现，构成了隐喻研究的落点和焦点（蔡龙权，2003）。

隐喻研究从古希腊哲学家的论述开始，至今已有2400多年的历史，它的研究已从辞格争论经由语言学、心理学、人类学等学科既独立又联合的探讨，发展成为当前认知科学的研究。毫无疑问，在这个过程中产生了很多理论，其中最有影响的是：失协论（incoherenceview）、比较论（comparison view）和交互论（interaction view）。

一、失协论

失协论产生于两种理论：生成语义学和言语行为理论。前者认为，含有隐喻的句子违反了句法和语义构成规则，所以不能按字面意思来理解。理解过程中，字面意思被隐喻化解释所替代，违反的规则得到纠正。这一过程是通过语义分析所创造的规则和推理来实现的。后者认为，隐喻是违反会话原则造成的，所以不能按照字面意义去理解。因此，语用学认为隐喻是从语义或者语用上讲有缺陷的表达方式，是违反会话原则的结果。

二、比较论

Aristotle 是比较论的创始人。他认为，隐喻是用一事物之名称来称谓另一事物。它有三种解释模式：（1）特征式属性匹配模式（feature or attribute—matching models）认为，隐喻中有两个特征集，普通比较句一般是对称的，前后颠倒位置，意义基本不变。但并非所有的比较句都是对称的。因此，这种理论无法解释非对称现象；（2）对比模式（contrast model）认为，谓项是新信息的载体，其区别特征的权重大于主项。因此，颠倒位置相似性削弱。但是它也不能解释隐喻的非对称性；（3）突出性失衡假设模式（salience imbalance hypothesis）则是对匹配模式和对比模式的补充。

三、交互论

交互论是哲学家和批评家提出的一种理论。隐喻中有本体和喻体两个概念。喻体概念系统中所包含的隐含意义被投射到本体概念上，以这种方式来选择、抑制和组织本体的概念特征。两个概念之间的交互作用产生以下三种过程：本体概念激发喻体概念的某些特征的选择；促使构建适合于本体概念的隐含意义复合体；促进喻体概念的平行变化（Black，1979）。因此，隐喻激发接受者积极主动地接受要表达的内容，它是一种语言行为，要求接受者具有敏锐的领悟力和反应力。

第二节　隐喻的功能

Low 以文本策略的范畴归纳了隐喻的六种功能：（1）有可能借助喻体讨论喻题；（2）证明生活中的各种事情至少在我们可以理解的范围内是相连的；（3）有系统地扩展思想；（4）通过戏剧化喻体使人注意喻题；（5）回避和否认对喻题的责任；（6）允许说话者讨论充满感情的话题。

束定芳（2000）将隐喻的功能概括如下：（1）修辞功能表现在语言表达的简练、生动、新奇、委婉和高雅；（2）语言学功能表现在填补词汇空缺和增加表达的准确性和形象性；（3）社会功能表现在社会交往中加强亲密程度，以及出于委婉和礼貌的考虑；（4）隐喻的认知功能表现在人类组织概念系统的基础、人类组织经验的工具、人类认识事物的新视角和类推说理。

巴克曼（Bachman，1990）从语言能力着手定位了隐喻的功能。他认为，语言能力由以下几个依次包容的成分构成：（1）语言能力包含组织能力和语用能力；（2）组织能力含语法能力和文本能力；语用能力含以言行事能力和社会语言学能力；（3）语法能力含词汇学、形态学、句法学和语音学；文本能力由粘连和修辞组织构成；（4）以言行事能力含语言的构思功能、运作功能、启发功能和想象功能；社会语言学能力含对方言和变体的敏感、对语域的敏感、对自然性的敏感和解释文化和隐喻的能力。

以上分析告诉我们，隐喻在组织和实行思维中的认知功能，词汇、句子和语篇中的语言学功能，及表达方式选择的语用交际策略功能。因此，将隐喻理论引入二语习得和外语教学中是可行的，也是有重要意义的。

第三节 外语教学的隐喻能力

从目前隐喻认知理论角度来看，隐喻不仅仅只是修辞表达方法，不能将其简单地划归于语言能力之中。而且在过去的交际教学大纲中，也未见到有关要求培养学生隐喻能力的说法。因此，将其单独列出来加以重点强调，深入研究其对语言习得的影响，是一项十分必要的举措，这既符合人类认知规律，也与当前日益成为主流的认知语言学理论相吻合。隐喻不仅是一个帮助我们丰富语言表达的问题，更重要的是它与我们的创新思维、语言习得密切相关。因此，语言教学中除要培养学生的语言能力、交际能力之外，还应加上隐喻能力。这三种能力既有差别也有联系，共同构成了语言运用的基本功，可以说是掌握一门语言的高层次标志。隐喻能力对于语言能力的掌握、交际能力的提高，都具有十分重大的、不可低估的影响，这是由隐喻的性质所决定的。隐喻能力是一种普遍存在于认知主体的，能够识别、理解和创建跨概念域类比联系的能力，这里不仅包括能被动地理解、学习的隐喻，还包括能创造性使用隐喻的能力；更高目标还可包括丰富的想象力和活跃的创新思维能力（付国伟，付永庆 2006）。因此，在我们的语言教学大纲中，应充分体现出当代隐喻认知理论的最新观点，认真考虑隐喻能力培养的具体方案、内容、措施，其中可包括：在有关教材中应如何体现这一思想，在课堂教学中应如何实施这一观点，在考试中应如何反映这种能力的掌握。

隐喻能使我们正确理解抽象概念域，能使我们的知识扩展到新的领域，因此隐喻具有重要的价值，如很多抽象理论、微观世界常用隐喻来解释。因此，培养隐喻能力是不可忽视的一项语言教学内容，应得到广大教学人员的重视。

第一，在教学中鼓励学生运用隐喻思维。把隐喻理论全面应用到词汇、阅读、文化等二语习得环节中去。培养学生的隐喻能力。

（1）词汇教学。隐喻映射不仅会帮助学生对词义的理解，还能加深对该词的记忆，有助于提高词汇的习得效率。教师不但要指导学生学习词汇的基本意义及其丰富的引申意义，还要指导学生结合隐喻的认知方式进行推理，加深对词义的理解，有效地扩大词汇量。

注重基本范畴词汇教学：

基本范畴词汇多是词形简单、音节较少的不可分析的本族语词，用来指代那些与人们有直接关系的、经常接触的基本范畴事物。他们最早获得了语言符号，受到隐喻性思维的影响，当日常语言中缺少表达某一概念的相应词汇，人们往往会从已经存在的词语中借用描述同样形状或功能的词汇来代替。根据莱考夫和约翰逊的调查，绝大多数的喻体不仅都是实体性概念的词，而且都是生活中的常用词。"大部分隐喻思维和语言都是在基本范畴等级上发展的。基本范畴的词比其他范畴词有更多的隐喻用法，如 bird, flower, dog, fox 等比 dove, rose, animal 隐喻用法多。"（李继光，2011）词汇基本等级理论为语言教学中词的运用频率提供了理论依据，因为频率词高的词多是基本等级范畴词，它们构成合成词的概率和扩展的隐喻意义的使用频率也比较高，对词汇及语言教学有很重要的意义。因此，对教师来说，了解哪些是基本范畴词，并对基本范畴词进行重点教学就显得十分重要。

理解词语的隐喻意义，扩充词汇量：

在教学中，经常遇到的情况就是学生抱怨单词的意思太多，从而给记忆单词造成了很大的困难。但是如果在课堂上教师可以带领学生仔细分析一个单词的所有意义，自然会发现很多意义之间存在着有机联系。如果教师在讲单词的时候，从一开始就把本义和隐喻意义都教给学生，从而让他们意识到每个单词的许多意思之间的联系，这样，学生在记忆单词的时候就可以通过联系进行记忆，并且帮助他们彻底掌握单词的用法。这样无论在质和量方面都有所提高。比如，教师可以对表示人体部位的词语进行扩展，来揭示彼此之间的联系。

Head of a department, of state, of government, of page, of abed, of a tape recorder.

Eye of a photo, of a needle, of a hurricane, of a butterfly.

Mouth of a hole, of a tunnel, of a cave, of a river.

Arm of a chair, of the sea, of a tree, of a coat or jacket, of arecorder player.

在理解了这些词语之后，即使在阅读中遇到了不认识的单词，也可以基于对隐喻的认识，对词的意思进行有根据的猜测，来提高阅读的质量。另外，英语中许多地道的表达法，最初也是隐喻的结果。只不过由于其用法已被众人接受，变成了死喻。但如果能对这些说法有所掌握，对学生的写作能力的提高也会有很大帮助。比如说，人们经常把想法或意义视为物体，语言形式为容器，交际的过程为传送的过程（陈朗，2010）。因此在英语中有以下的表达方法：

It is hard to get that idea across to him.

Your reasons came through to US.

It is difficult to put my ideas into words.

His words carry little meaning.

The introduction has a great of thoughts.

在语境中进行词汇教学：

隐喻的一个重要语义特征就是喻体的意义与本体的意义或实际语境之间的冲突。隐喻的理解取决于是否能消除这种冲突。而要消除这种冲突必须借助相关的语境知识。语境是确认和理解隐喻的依据。比如，That guy is a tiger 是意味着"他很强悍"，"他劲头十足"，还是"他是一个劲敌"，都要依赖于语境来判断。因此对教师来说，要注意在一定的语境中解释词汇，把学生引入到一种逼真的语言氛教学理论与实践研究围之中。又如，在讲"summer"这个词的时候，教师不仅让学生明白这个词的基本含义，并且还应该让学生明白夏季在英国是一年中最好的季节，因而就自然而然地将其隐喻性地转义为"兴旺时期"。另外，教师还应该有意识地培养学生在语境中学习单词、记忆单词的能力。

（2）阅读教学。隐喻是阅读语篇中不可回避的语言现象。隐喻的思维方式又是语篇阅读理解中重要的环节。对隐喻的正确理解关乎提高阅读能力、理解作品的程度及意境等问题。因此，培养学习者的隐喻能力至关重要。它可以促进学习者更高效地阅读，直接对认知现象的本质属性和关键特征进行高度抽象概括并达到对事物的整体把握，从而实现从理解作品内容到感受、领悟语言对象特点及规律的转变。

（3）文化教学。隐喻是文化的反映。不同民族文化可能会用不同的隐喻概念去理解人类的知识或经验。因而掌握目标语的隐喻概念也是对目标语文化的一种学习。可以通过隐喻将纷繁复杂的文化现象组织起来，并加深对文化和民族思维方式的理解。因此，外语教学应将隐喻理论与文化二者联系起来，教师不仅要给学生解读隐喻，更重要的是引导学生发挥积极主动性，自己分析，掌握隐喻分析方法，通过表面的语言现象去发现深层的文化内容。

第二，外语教育工作者应该汲取隐喻研究成果。详尽地解释各种语言现象背后的理据。把零散的语言现象通过隐喻组织起来，形成语义网络，加快学习内容从短时记忆向长时记忆的转化。为提高阅读速度和效率以及写作奠定基础。

基于相似性的隐喻不仅是一种语言现象，它更是人类思维的一种方式。这种思维方式已经成了描写和了解世界的有力武器，无形中扩展了人类思考和认识世界的维度，同时丰富了人类思考的内涵。人们的日常生活语言中充满了隐喻，即使在严密的科学语言中隐喻也随处可见。越是抽象的概念就越需要借助隐喻来进行思考和表达。总之，隐喻作为一种启发式教学方法是可取的，它有助于认识新鲜事物、熟悉抽象概念、发展思维能力。

第六章　英语语言学在外语教学中的交际能力培养

第一节　语用学与交际能力的培养

　　无论是传统语言学、结构语言学还是转换生成语言学，都认为语言学研究的对象只是语言本身。被公认为是现代语言学的奠基人的瑞士语言学家索绪尔（F.deSaussure）（1857—1913）在20世纪初版的《普通语言学教程》一书通常被看作现代语言学的开端的一个标志。在索绪尔提出的语言研究的几对基本概念中，有一对是语言（1angue）和言语（parole）。语言指的是语言体系本身，言语则指语言体系在实际使用中的体现。索绪尔认为语言学研究的是语言，而不是言语，因为语言是一个受到一定规则制约的体系，言语则不是。所以，只有语言才能经得起严谨、科学的分析，而言语则不能。现代语言学的任务就是对语言进行分析，寻求它的构成规则。索绪尔给语言学的研究方向定下的这个基调统治了语言学界几十年。20世纪50年代后期乔姆斯基（Chomsky）提出了语言能力（competence）和语言行为（performance）之间的区分，认为语言学研究的对象应该是语言能力，而不是语言行为；语法则是对语言能力的描写，对语言行为则不加研究，所以乔姆斯基的贡献始终局限于句法学。他对语言能力和语言行为拍区分与索绪尔的语言和言语的区分仍是一脉相承，尽管他们二人对语言本质的理解不尽相同。

　　在他们的影响下，在相当长的一段时间里，语言学家都致力于对语言本身的研究，把语言的使用侧面排除在语言研究的范围之外。美国结构主义语言学的先驱布卢姆菲尔德（Bloomfield）（1887—1949）以及其后的一代语言学家着重对语言的音系和形态进行了分析，他们把音位（phoneme）和词素（morpheme）作为语言分析单位，在他们看来，语言的句法结构十分抽象，语言学研究难以揭示它的奥秘。

　　20世纪50年代后期，乔姆斯基的语言理论使语言学研究大为改观。他认为语言学研究的对象是揭示人类的语言能力，而这种能力是完全独立于语言的使用之外的。他的语言理论的中心是语言的语法性，即如何生成合乎句法规则的句子。这种以句法为中心的语言理论把语言的意义排除在语言研究之外。不管怎么说，乔氏的语言理论盛行一时，影响极大，对于解释语言的句法结构是颇有说服力的一个学派。所以，至今社会上仍有大声疾呼"句子中心论"的学者。但语言是人们在交际中用以表达意义的工具，单单研究语言的句法结构只能从一个侧面去描绘、解释语言，却无法解释复杂的语言现象。于是，20世纪70年代初期，不少语言学家，包括乔姆斯基的一部分学生都把研究的重点转移到了语义学上。他们试图把语义研究作为语言学研究的基础，来取代句法的中心地位，或在两种研究途中寻找某种中间道路。不管怎样，对语言意义的研究在语言学研究中开始占有一席之地，语义学——这门对语言的意义进行专门研究的学科从而也就迅速地发展起来。

随着语义学研究的深入，许多语言学家注意到，很多语言现象既不能为句法学所解释，也不能为语义学所解释。例如，"A bottle of pine apple juice, please!"到底是请人家把一瓶菠萝汁递过来呢？还是想买一瓶菠萝汁呢？对此，句法学和语义学都不能解释，可是说话人和听话人却都很清楚。因为他们可从具体的语境中得出这句话的正确意义，所以只有根据这瓶菠萝汁这个客体的位置，以及交际的双方对客体位置的共识，才能理解"A pine apple juice, please!"的真正的意义。这就是语用学（pragmatics）的分析方法。随着研究的深入发展，越来越多的语言学家意识到了语境（context）在语义研究中的重要性，这是因为对被实际使用的语言来说，意义不是抽象的，而是和一定的语境密切联系的，离开了使用语言的时间、地点、场合、使用语言的人及使用语言的目的等语境因素，便不能确定语言的具体意义，对语义的研究也算不上全面。于是，在语义研究中，人们开始考虑语境因素。语境因素一旦进入了语义研究的范围，便为语用研究开辟了道路。语用研究进而迅速发展成一门相对独立的新兴学科。

我们可以把对上述20世纪语言学发展的回顾归纳为形态—句法—语义—语用这几个发展阶段。"语用研究的崛起可以说是对Chomsky句法中心论的一种反动，它标志着语言学研究进入了一个新阶段。"（何兆熊，1995：5）语言学从20世纪初的一门只对人类语言的声音形态资料进行研究的、比较狭窄的学科，逐渐发展成一门纵贯语言的形式、意义和语言使用的语境的学科。

语用学是近20年来才发展起来的一门新兴学科。Levinson在1983年出版的

Pragmatics 一书中声称他自己的这本书是第一本语用教科书并未自我吹嘘。以"语用学"为题的专著，国外已出版的确实为数不多。大量的语用学文献以论文形式分散在各种论文集中，还分散在语义学、社会语言学等方面的专著中，以及在语言研究、哲学研究、心理学研究等方面的学术刊物中。

语用学是对语言运用进行整体研究，反映话语和语境的关系，因为许多句子只有具备语境条件时才能理解。语言行为涉及说话者、听话者、话题、交际方式、说话时间、说话地点六个因素。英国哲学家奥斯汀（J.1Austin）的语言行为理论认为，说任何一句话时，说话人同时要完成三种行为：

（1）言内行为：一切用声音表达的有意义的话语以及按句法规则连接的词所表达的概念及意义；

（2）言外行为：考虑说者与听者之间存在的某种关系而进行的某种活动；

（3）言后行为：其功能并非直接在话语中体现出来，而完全取决于言语的情境。

例如，邻居甲的录音机正播放英语录音，邻居乙进来说："我父亲昨晚上夜班，现在正睡觉呢。"这是言内行为。而言外行为则是"你们的录音机能否开得小一点"。于是邻居甲就把录音机关了，这就是言后行为。

美国加州大学哲学家塞尔（J.R.Searle）的间接言语行为理论探讨的是婉转表达法。在日常生活中，人们出于礼貌，想让别人做事的时候，往往不用命令句，而用问句来表达请求的意图，此时交际意图不一定与字面意义相吻合。例如，Could you tell me wherethe nearest post office is?It's toohot here.Would youmindopeningthewindows? 实际的交际意图是 Tell me where the nearest postoffice is.Open the windows.It's too hot here.

美国加州伯克莱大学教授格赖斯（H.P.Grice）的会话合作原理的基本论点是：为了使会话顺利进行，双方必须遵循一定的基本原则。例如，他们应把自己所说的话限制在一定范围之内。假如答非所问，互无牵连，漫无边际地东拉西扯，交际就无法进行。这条交际双方必须互相配合、共同信守的原则称为合作原则。格赖斯提出了四项具体要求：量、质、关联和方式。（Grice，1975）

1）"量"指应包括当前交谈需要的信息量。假如有人问你这本书是在哪里买的，你应当回答"郑州市经四路外文书店"，不能只说新华书店，或外文书店，否则，会因信息太少没达到问话人的目的。

2）"质"这里指交际时要说真话，不说假话，也不说毫无证据的话。假如有人

问你某教师的教学效果,你不应该明知道他的教学效果很好,却说不好

3)"关联"这里指的是交际时说的话要与题有关联,不能说与题无关的话。假如有人问你"你明天的课备了没有?"你不应该回答"我买了一双新鞋,穿上很合适",这就是所答非所问,驴唇不对马嘴,离交际题目相距太远。如果有人问"你明天的作业做完了吗?"你回答"我刚从街上回来"(意思是还没来得及做),这个问答并未离题。

4)"方式"指说话的方式。交际双方说的话都要清楚明白,如避免晦涩难懂、有歧义的语句,话要说得简明扼要。

语用包括了奥斯汀的言语行为理论,塞尔的间接行为理论和格赖斯的会话合作原则理论。这三方面的理论与美国的海姆斯(n lf.Hymes)、德国的哈贝马斯(J.Habermas)和冯德里希(D.Wunderlich)有关"交际能力"的理论有异曲同工之处。

海姆斯认为,交际能力是指说话人和听话人所具有的运用语言的全部基础知识,其中包括远远超出语法的能力。他还指出,儿童在学习语言时,不仅学到语法—语言能力,而且逐步习得区别"什么时候,什么场合讲什么话,以及对谁讲与怎样讲"等能力(Hymes,1973:124—125)哈贝马斯则认为,交际能力是使语言的基本结构在语境中复现,使语言知道在情景中得以运用。(Haber—mas,1971)他把交际分为交际行为—相互交谈与专题讨论两类:前者表明有关的谈话意图,以便交换信息;后者则有针对性地进行讨论,而不交换信息。冯德里则强调交际能力是每个人在集体内具体进行的言语行为,交际能力必须体现普遍性,表示出这个集体内实际上从属于社会文化的交际可能性。(Wunderlich,1972)以上三位学者关于语言的哲学思想对交际能力的理解有重要的影响。交际能力是语用学研究的一部分内容。

综合以上各派意见,交际能力包括以下五个方面的内容:①语言——指掌握语法知识;②功能——指运用听、说、读、写四方面的能力;③语境——选择与所处语境、说话场所相适应的话语;④交际者之间的关系——根据对方的社会地位和身份,说出合乎自己身份的话语;⑤社会文化知识——语言首先是一种社会实践,语言的得体性离不开社会文化知识。

第二节　外语课堂教学与交际能力的培养

每种外语教学法都有它自己的理论依据，例如，传统法的注入式教学靠教师灌注，教师一言堂，学生被视为消极的客体，它的理论基础是机械语言学或历史比较语言学。启发式比注入式前进了一步，但它离不开孔子的"不启不发"的观点，把掌握知识、发展智力归于外因——教师和课本，而作为主体的学生也是被动地等待教师的"启"。20世纪40年代末创于美国，60年代传入中国的听说法的语言学理论基础是美国布卢姆菲尔德的结构主义语言学。结构主义语言学不注意语言的意义，只对语言形式进行描写。把复杂的语言描写成有限的因素，把千变万化的语言分析归纳出有限的句型结构。他们认为扩展、替换和掌握有限的句型结构就能培养学生掌握运用外语的能力。行为主义心理学是听说法的心理基础。华生（J.B.Watson）认为人和动物行为有共同的因素：刺激—反应。斯金纳把它发展成新行为主义：刺激—反应—强化。他们认为，刺激、反应，再加上强化手段进行操练巩固，可以形成自动化习惯。实践证明，这种教学法同样把学生看成知觉的客体，使其处于被动状态。

20世纪40年代末美国首创的听说法，到了60年代暴露了它的致命弱点：鹦鹉学舌地、机械地，脱离上下文孤立地进行句型操练，妨碍学生有效地掌握外语。视听法专家全面分析了直接法和听说法的优缺点，取其精华，并进一步发展了自己的体系——视听法。视听法于20世纪50年代首创于法国。它是法国人对外国成年人进行短期速成教学的一种方法。视听法来源于直接法和听说法，在此基础上发展了情景视觉感知要素，形成了独特的幻灯图像和情景画面，视觉与同步录音听觉相结合的方法体系。

行为主义心理学是视听法的心理学理论基础。视听法也把外语教学过程归结为刺激—反应—强化过程，归结成幻灯图像、情景画面和录音的声音信息结合刺激视听感官，学生做出模仿反应，并进行反复强化操练，形成自动化习惯。语言和情景结合，能创造类似不用本族语作中介的学习外语过程，学生在情景中先学会口语，在此基础上再学会书面语。（吴进业，2001：15）

描写语言学是视听法的语言学理论基础。语言是有声语言，书面语是文字记录，在语言发展的过程中，口语始终处于首位。口语历来是最完美的语言形式。对话最能体现口头语言的特性。这是视听法重视完整口头对话教学的重要依据。

一、外语课堂教学"相互作用论"是培养交际能力的基础

自20世纪70年代以来,瑞士心理学家皮亚杰(J.Piaget)在"发生认识论"的基础上,提出了"教学相互作用论"。他认为:"认识发生和发展的动力和基础是主客体的相互作用,一切经验发源于动作。"这个理论的核心是"在教学过程中,学生始终是主体,而教师、学习环境和教学手段都是客体;教学目标能否达到,最终取决于主体内在的相互作用,因此必须把工作的重点放在学生身上。教师是实现教学目标的组织者和引导者,在教学过程中起主导作用,这种作用应表现在设法创造各种情景,发挥学生的主体作用,帮助他们掌握正确的学习技能,促进他们的积极思维,主动学习习"。(顾芸英,1998:451)

汉堡大学教学法专家克鲁姆(H.J.Krumm)教授认为"教学相互作用论"不仅客观存在,而且可以从主观上进行创造,从而为开展外语交际教学奠定了基础。克鲁姆认为:成功的外语课堂教学应在课内创造更多的情景,让学员有机会运用自己学到的语言材料+课堂上的交际活动基本上都是虚构的,不需要有真实性,低年级可以根据教学需要来虚构,来创造情景。他提出了在外语课堂上开展交际活动的若干做法:

1)假设交际——语言作为媒体用于操练;没有交际对象,不考虑语句相互关系;在外语教学中采用"结构——行为主义"的极端形式。

2)教学交际——语言具有教学法的含义;主要的标准是教学要求和教学成绩,无针对性;构思严密的外语情景教学。

3)针对性交际——语言交际涉及个人的经历与经验,逐步消除无针对性的现象,语言行为带有真实性;在外语课堂教学中有意识地开展交际活动。

4)谈论型真实交际——语言具有真实性和社会性;要求言语有针对性,规范化,可不受约束地自由交谈;交际内容涉及正常的人间共同生活、公开的活动等。(Krumm,1982)

可见,不论是假设交际、教学交际、针对性交际或谈论型真实交际,语言的一切操练都属于交际范畴。"假设交际"是指在课堂内围绕教学内容展开的各种操练,包括机械(句型)操练和教师讲解等;"教学交际"是指课堂内进行的再表达练习,学生掌握语言材料后,根据教师所给情景开展模仿性的小对话,叙述几句话,或者做书面作业等;"针对性交际"是指学生根据情景,基于自己的理解,做出反应,类似

看图说话或看图作文；而最后一种交际则属于根据语用学会话合作原则进行自由交谈（freetalk），可不受任何情景约束。

二、外语课堂教学"二主体性"是培养交际能力的保证

我们同意皮亚杰"教学相互作用论"的观点，但不同意"教师是客体"的说法。因为主体作为一种认识论的概念是相对于客体而言的。马克思说，"主体是人"，而不是物。这里的人指的是从事实践活动、认识活动、交际活动的人，或是实践活动、认识活动、交际活动的组织者、参与者和承担者。这就是说，并非任何人都是主体，而是具有认识和实践能力的人才是主体。因此，初生的婴儿和失去知觉的人都不是主体。"这就是说主体是指有主体性的人。人的主体性表现为人的对象性活动，即主体在自觉意识下进行的、有目的的，而且总是把自己与自己活动的对象变为主体与客体的关系，变成认识和被认识的关系的活动。主体的存在是客体的存在所规定的，反之亦然。"（王才仁，1996：74）由此看来，主体与客体是相互依存，共处同一体中。

那么外语教学作为一种认识活动，是一个多面体的统一体：既是主、客体的统一，又是主体之间的统一，还是客体不同层次的统一。在外语教学这个统一体中，有两个主体——教师和学生；有两种活动方式——教和学；有一个共同的认知对象——外语。（吴进业，2000：95）根据吴进业教授的观点，在外语教学中师生都是主体，而且是平等合作的关系。教师的教是为了学生的学，学生的学是为了继承和发展前人积累起来的精神财富和物质财富。教和学的结合则构成了交际活动，此项活动是教师和学生——主体相互联系的纽带，也是人的本质力量得以外化的手段。在外语教学中，教师和学生的主体地位和作用是事关教学全局的大问题，是现代外语教学的出发点和立足点，也是当代我们转变教学观念的一个基本点。

三、外语教学的实质是交际

什么是教学？这是一个关系到如何认识教学过程本质的问题。当代教育理论认为，教学"一方面包括教师的活动（教），同时也包括学生的活动（学）"（伊·阿·凯洛夫，1957：98），"是教师的教和学生的学所组成的教育活动"（华师教育系，1982：112），"是专门组织起来的认识活动"。（巴拉诺夫，1980：102）尽管各家表述详

略不一，但毫无疑问都是正确的，而且对各科教学都有指导意义。就外语教学而言，我们认为教学的实质是交际。这是体现外语教学特点的答案，也是对教学过程更深层次认识的答案，对各科教学同样也适用。

说外语教学的实质是交际有以下三个原因：其一，教学是师生之间的交际。交际的主体是人，教学就是主体之间，即人与人之间进行思想、信息交流的过程。教学不单是教师教学生学，而是双方的交流；教学效果不单取决于教，也不单取决于学，而是教与学双方互动的结果。其英语表达方式是：Teaching is of communication. 其二，教学是活动，是交际活动。活动是各种技能的交替使用。外语教学就是通过师生之间、学生之间的交际活动，在物质操作和思维操作结合上认识外语，掌握外语，形成运用外语的能力。其英语表达方式是：Teaching is by communication. 其三，师生双方的认识活动是相互依存、相互作用的。师生二主体各有自己的认识客体：学生认识的客体是外语，教师认识的客体是（外语）教学规律。学生对外语认识的程度与发展离不开教师对教学规律的认识与掌握的程度；教师对教学规律的认识也离不开学生在教师指导下学习的客观效应。教学双方都为对方提供信息，教学就是为促进信息的交流。其英语表达方式是：Teaching is for communication.

四、交际过程中的二主体性

交际是人与人之间交流思想、情感和信息的过程，交际的双方都是人，都是主体。交际是一种社会行为。儿童的"自我中心性"的话语不是交际，因为他不是以交流思想、情感和信息为出发点而说话的，不考虑说话的时间、场合和说话人，他可能会对公公说："我是公公，你是孙孙。"只有当他学会了讲究说话的时间、场合、方式，针对听话人说话时，注意对方的身份、性别、年龄、职业、地位，注意对方的看法，用心吸收信息、交换意见，这时的说话才具有社会性，才能称之为交际。这充分说明了交际是人的有意识、有目的的行为，是人的主体性的外化。

交际的功能是交换意见、思想、情感和信息。把具体的交际分解开来，交际的双方，一方为交，一方为际。"交"乃"传者"也，"际"乃"受者"也。传者将信息传递出去，以达到受者；受者接收信息后又将自己的认识、意见、看法反馈给原传者，这时的原传者就成为新受者，原受者就成了新传者。可见，传者和受者的角色是相互转换的。正是这种传者和受者的反复转换，便构成了交际。所以，在交际过程中，双方是平等交流的关系，而且交际双方都是人，都是主体。

既然交际活动中的二主体都是人，那么他们认识的客体就是有关外界事物的信息。在外语教学过程中，当教与学结合起来时，表面上看是"上所施、下所效"，实际上是交流信息，是交流客观外界的信息。因此，我们所说的教学，是交际的社会功能的典型表现。教师教学生主要是传授人类已经创造的知识经验，这在外语教学中表现得十分明显。学生学习外语，是教师把前人总结出来的知识，通过教材、教具和一定的教学活动传授给学生，并将学生组织起来共同参与活动。这时，教师所起的作用实际上是中介或指导作用，他所做的不仅是传授知识内容，而更重要的是传授的过程、方式和方法；学生是认识的主体，他们所注意的是外界的信息。这种师生相互之间的传授、接受的方法相互交替则构成了师生之间的交际行为，培养了学生的交际能力。

第三节 语法知识的传授与交际能力的培养

语言是人类最重要的交际工具。它之所以能够成为一种方便的交际工具，是因为它的系统性。语言的系统性反映在它有极强的规则性。语法规则是语言的主要组成部分，是语言得以成为语言的根本条件之一。学习语言不学语法不行，问题是如何学语法。因此，语法教学是外语教学中一个重要组成部分。无论是从语言的本质、外语教学的实际特点等方面，还是从外语学习者认知能力培养的角度都说明了这个问题。

当然，语法翻译法过分强调语言结构、规则在外语教学中的作用有些不妥，而交际法把口头交际能力的培养作为外语教学的主要目标，强调意义，忽视语言结构的准确性和语法规则的规律性，也是不当的。在传统法教学中，过分重视语法的作用而忽视交际能力的培养；在交际法教学中，语法的地位受到严重的削弱，甚至有些语法项目被忽视，这都是不应该的。"我们认为，语法教学效果的好坏会直接影响到整个外语教学。语法教学的目的是为培养语言技能服务的，主要是帮助学生提高使用语言的能力，也就是交际能力，而不是单纯地向他们灌输语法知识。因此，在外语教学中，既要避免过多地讲解语法知识，而削弱学生的言语实践能力，也要防止盲目的实践，而忽视语法知识的传授。"（吴进业，2001：428）

语言基本功（包括语音、语汇、语法知识）、语言能力和技能（包括使用语法能力和听、说、读、写的技能）是交际能力的基础，基本功不牢靠是不可能掌握交际能力的。语法教学的目的不单单是传授知识，更重要的是培养学生运用这些知识的能力。因此，我们不能只讲语言的形式和意义，而不讲语言的用途。实际上，应结合语言的社会文化因素，讲清楚语言的使用场合，把语言的"形式、意义、用途"三者结合起来讲，才是语法的全部内容。

语法的教学内容已定，其教学方法是什么呢？

传统外语教学法采用的是演绎法教学语法。它首先由教师传授语法规则，然后再在规则指导下举出脱离实际生活，甚至脱离课文的例句，最后让学生根据规则做练习，即先理论后实践的方法。其具体步骤分五个方面：

第一步：教师简明扼要地讲述语法规则；

第二步：教师联系规则举例，让学生观察、分析、对比，进一步理解语法规则；

第三步：让学生结合例句，根据自己对语法规则的理解复述规则；

第四步：教师对学生的复述给予评价和补充；

第五步：让学生根据规则做练习，以检查学生对语法规则的掌握情况。

例如，用演绎法教 There be 句型，教师先向学生讲解概念："Therebe+ 某人（物）+ 某地（时）"是一个固定句型，相当于汉语"在某地（时）有某人（物）"的意思。句型中的 be 的形式要与其后面所跟名词在数上保持一致。单数名词用 is，复数名词用 are，例如：

There is a desk in front Of the classroom.

There is a book on the desk.

There are four students around the desk.

There are two classes in the afternoon.

教师把这些例句写在黑板上，让学生仔细观察，并根据教师刚讲过的语法概念、规则进行分析、对照，讲述这些规则在例句中的运用。教师对学生的讲述给予评价、修正、补充，然后让学生根据规则做练习。这就是用演绎法教语法的全部过程。

用这种方法讲语法，概念比较清楚，准确度比较高。但最大的缺点是缺乏活动的语言环境，缺乏具体使用场合，学生只能机械模仿，不能用于实际交际，培养不出学生的交际能力。结果，导致哑巴英语。

当代外语教学法主张用归纳法教语法。

用归纳法教语法是先让学生接触含有要学语法项目的活生生的语言材料，在学习语言材料的基础上，教师启发诱导学生观察分析这些材料的语法特点，让学生自己归纳出语法概念和规则，再让学生运用自己总结出来的语法规则指导语言实践，即"实践—理论—实践"的原则。这显然是符合毛泽东主席"实践论"的观点，无疑是一种正确的学习方法。

在外语语法教学中，采用归纳法也有五个步骤：

第一步：创造活的语言交际情景，在情景中提出包含所学语法项目的例句；

第二步：让学生首先熟悉语言交际情景，在情景中接触、观察、体会、理解这些例句；

第三步：在教师的启发诱导下，让学生分析这些例句，总结出语法规则；

第四步：教师对学生的总结给予评价和补充；

第五步：让学生用师生共同总结出来的语法规则指导做练习、游戏、活动、扮演角色、自由表达，以检查学生对该语法项目的掌握情况。

例如，用归纳法教形容词比较级，教师可利用实物或图画向学生举例展示，让学生重复教师所给例句三遍。具体操作方法是，教师各叫一名个子高和个子低的学生到黑板前边的讲台上来，个子高的为学生A，个子低的为学生B。然后教师指着他们说："Look at the two students.They are boy students.This is student A and this iSstudentB. Student A is taller than student B."教师将该句连说三遍，并让学生跟着模仿说。然后教师再反过来说："Student B is shorter than student A."教师连说三遍，并让学生跟着说。教师重复三遍的目的一是让学生做口头练习，二是引起学生对新句型的注意。此时，教师再把含有比较级的句型写到黑板上。

接着教师继续利用情景举例展示，教师手拿两只钢笔说："Lookhere. Ihavetwopens.Oneisblackandtheotherblue.The black pen is longer than the blue pen."教师将含比较级的句子重复三遍，学生跟说。然后教师又说："The bluepen is shorter than the black pen."教师连说三遍，学生跟说。此时，教师把含有比较级的句子写到黑板上。

教师再向学生出示一张画片，上边画有两头猪，右边那头猪大，左边那头猪小，教师指着图片说："Look at the picture.There are two pigs in the picture.The pig On the right hand is bigger than the pig on the left hand."教师将含有比较级的句子重复三遍，学生模仿着说。然后教师又说："The pig on the left hand is smaller than the pig on the right hand."教师将该句重复三遍，学生模仿着说。经过口头重复后，教师再把含有比较级的句子写在黑板上。然后，教师就以上三个例子中比较级的句子，启发诱导学

生作进一步观察、对比、分析,发现英语形容词比较级的构成及句型,并给以总结归纳:

1)形容词比较级只能使用于两个人或事物之间的对比;

2)形容词比较级的构成是原级形容词后加 –er,形容词加 k-er 后发音多了一个音节 / ə /;

3)形容词比较级的句型是用连词 than 连接两个相比的人或物,

最后,教师对学生的总结归纳给以评价和补充。让学生根据归纳的这些规则做练习、做游戏、自由交谈、进行对话或讲述活动,以检查学生对这些规则的掌握情况。

克鲁姆教授就语法教学也提出了如下模式(顾芸英,1998:453):

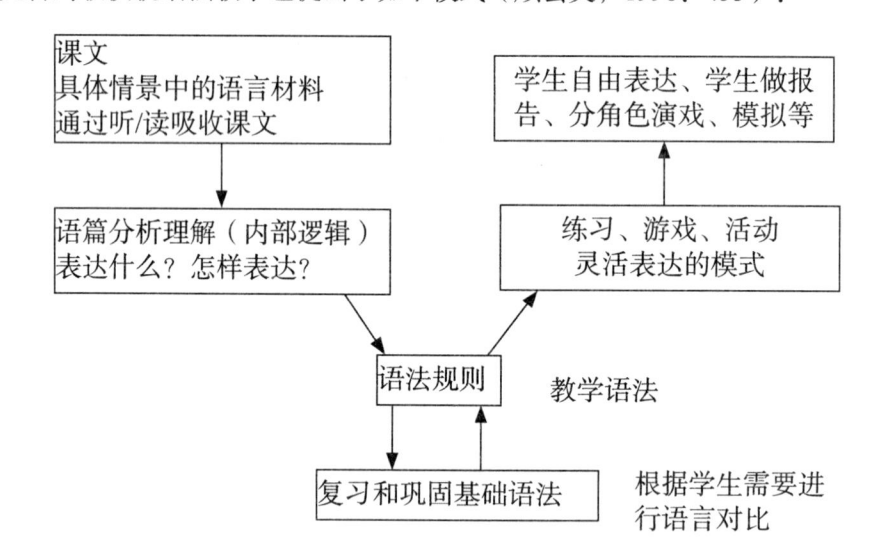

```
┌─────────────────────┐         ┌─────────────────────┐
│ 课文                │         │ 学生自由表达、学生做报 │
│ 具体情景中的语言材料 │         │ 告、分角色演戏、模拟等│
│ 通过听/读吸收课文    │         │                     │
└──────────┬──────────┘         └──────────▲──────────┘
           │                               │
           ▼                               │
┌─────────────────────┐         ┌─────────────────────┐
│ 语篇分析理解(内部逻辑)│         │ 练习、游戏、活动     │
│ 表达什么?怎样表达? │         │ 灵活表达的模式       │
└──────────┬──────────┘         └──────────▲──────────┘
           │                               │
           ▼                               │
      ┌─────────┐                          │
      │ 语法规则 │    教学语法              │
      └────┬────┘                          │
           │                               │
           ▼                               │
    ┌──────────────┐       根据学生需要进
    │复习和巩固基础语法│    行语言对比
    └──────────────┘
```

可见,教授语法的目的不只是让学生懂得一定的语法形式、表达一定的内容、意义,而且应当让学生学会在什么情况下使用何种形式来表达不同的内容,也就是具体交际情景、场合的运用。因此在语法课堂教学中,要着重贯彻"用途→意义→形式"这个模式。

以时态教学为例,传统习惯于先讲时态的形式,然后再讲意义,例如讲一般现在时,先告诉学生一般现在时的基本概念:表示包括"现在"在内的一段时间内经常发生的动作或存在的状态。然后举一些脱离实际的例句:

I work at a middle school.

You work at a middle school.

He / she works at a middle school.

We / You / They work at a middle school.

最后讲使用也不过是给学生一些机械句子练习：

He gets up at six every morning.

We take a walk after supper.

She washes her hair every other day.

讲一般过去时或现在完成时等也是从形式到意义，最后给学生举一些机械句子练习的例子。这种做法忽视了语言的使用场合，学生学完语法后，仍然不清楚在什么时候、什么场合使用什么时态，以致在实际应用中屡犯错误。

现代语法教"时态"这一语法现象时是从"用途叫意义—形式"来进行的：首先从交谈入手，先问学生每天都干些什么，然后再告诉学生你自己每天都干些什么，你和哪些学生一起干了些什么，等等。例如：

A：When do you get up every morning?

B：I get up at six every morning.

A：What do you usually do after you get up?

B：I do morning exercises On the playground.

A：What else do you do after morning exercises?

B：I read English in the classroom.

A：Then?

B：I go to the dining–hall for breakfast.

A：After breakfast?

B：I go to class.Do you have any classes in the morning?

A：Yes.I have.

B：How many?

A：I have four.

在多遍交谈后，教师可让学生自己归纳一般现在时的用途、概念和形式，教师评价和补充。最后让学生做练习和自由交谈，以提高他们的言语交际能力。

第四节　教学方法多源论与交际能力的培养

培养学生外语交际能力的教学方法是多种多样的，凡对培养语言能力行之有效的训练方法，包括传统的直接法、听说法、视听法、认知法和当代的交际法都可以运用，值得提出的是：词汇、语法的传授应该服从交际能力的培养。不言而喻，培养言语交际能力是外语教学的目的，教学方法是手段，手段是可以选择的。

直接法是排除母语作中介而用外语与客观事物直接联系的教授外语的方法。它是通过外语本身进行会话、交谈和阅读来教外语，不用学生的母语做翻译中介，也不用形式语法做指导。

第一批出现的外语单词是通过指示实物、图画或演示动作来讲授的。显然，直接法是对翻译法的反动，它提出了与翻译法完全对立的主张。翻译法是中世纪教希腊语、拉丁语的方法。它是用母语翻译课文的词、句、语段、语篇以进行外语书面语教学的一种方法。它的特点是：在外语教学过程中母语与目的语经常并用，即说出一个外语单词，立即翻译成相应的母语词；说出一个外语句子，马上译成本族语；逐句分段阅读连贯的课文，然后再逐词逐句地翻译成母语。这样，在整个外语教学过程中，学生始终和两种语言（母语和外语）打交道。用此法教学，学生学了十几年外语，见了外国人却患了"聋哑症"。

到了19世纪90年代，西欧资本主义社会获得进一步发展，国际交往日益频繁。培养与外国人在政治、经济、科学文化方面洽谈、交流的口语能力被提到重要地位。很明显，偏重阅读能力培养的语法翻译法不能承担此重任，因为它已不适应资本主义社会发展的需要。为了培养口语能力强的人才，改革翻译法势在必行，因此直接法就应运而生，成了抨击语法翻译法的产物。

直接法主张，外语教学应使外语与客观事物直接联系并以有声音的口语为基础，以模仿为主的心理学为理论基础。19世纪德国语言学家保尔（H.Paul）的语言学中的类推原则成了直接法模仿操练的语言学理论基础+以法国心理学家、外语教学法专家古恩的幼儿学语沦为基础，认为学生学外语的过程像幼儿学习母语的过程一样，学习外语要在自然环境中按思维动作的先后顺序模仿操练学得。

直接法的教学原则：

1）根据幼儿学语论的原则，主张用外语与客观事物建立直接联系（类似幼儿的看图识字）。像幼儿学习母语一样，利用实物、图画、手势、动作使学生用外语与客观事物建立直接联系，培养学生用外语进行思维的能力。

2）句本位原则。把句子作为教学的基本单位。像幼儿学习母语那样，不是从学习字母、单音、孤立的单词、语法规则开始，而是整句整句地学。他们认为，句子是表达思想、进行口头交际的基本单位，也是外语教学的基本单位；学生多学一些现成句子，交际起来可以脱口而出，少出差错，并能赶上正常交际的语速；同时，由于学生记住了一些句子，所以能利用替换、类推方式构造新句子，举一反三。

3）不学形式语法，靠对句子的模仿操练形成自动化习惯。用此法教外语，像幼儿学习母语的过程一样，靠直觉感知，不是从学习形式语法开始。幼儿学习母语的过程是先学说话，后学书面语言，学习语法规则是上学识字以后的事。用此法教外语，主要通过模仿操练、记忆背诵，积累语言材料，以形成自动化习惯。语法规则在开始阶段不予重视，在以后阶段用归纳途径教学语法规则。

4）先听说，后读写。幼儿学语都是从说话开始的，学识字和书写是入学以后的事。先口头掌握实际语言，然后再学习文字符号的识记和书写，是学习语言的自然途径。因此，直接法主张有声语言是第一性的，书面语是第二性的，重视语音语调和口语教学，主张先耳听口说，后眼看手写，在口语的基础上培养读与写的能力。

听说法（audion-lingualapproach）是以句型结构为主线编写教材、进行听说训练的教学方法。用此法进行外语教学是以句型操练为纲，着重听说能力训练及培养，所以叫听说法或口语法（oralapproach）、结构法（structuralapproach）或句型法（patternmethod）。听说法诞生于20世纪40年代的美国。以美国布卢姆菲尔德为代表的结构主义语言学是听说法的语言学基础。结构主义语言学不注意语言的意义，只对语言形式进行描写。该学派把复杂语言描写成有限的因素，把千变万化的语言分析归纳出有限的句型结构，认为扩展、替换和掌握有限的句型结构就能培养学生掌握运用外语的能力，行为主义心理学是听说法的心理基础。华生（J.B.Watson）认为人和动物行为有共同的因素：刺激—反应。斯金纳（B.F.Skinner）把它发展成新行为主义：刺激—反应—强化。听说派认为，刺激、反应，再加上强化手段操练巩固，形成自动化的习惯，是学习外语的好方法。听说法的教学原则是听说领先，在口语的基础上培养书面语；以句型操练为中心，反复模仿，形成自动化习惯；排斥母语进课堂。

视听法是视觉感受和听觉感受相结合的一种教学法。视是指看幻灯、电视、电影、图画、手势或动作，利用视觉感知幻灯图像，画面、手势、动作；听是指听录音放出的外语。视听结合容易理解和掌握所学外语的内容。由于视听法是利用幻灯图像及情景画面创造语言情景的，所以又叫情景法。它首创于 20 世纪 50 年代的法国。这时的听说法已逐渐露出鹦鹉学舌式地、机械地、脱离上下文孤立地进行句型操练等致命弱点，妨碍学生有效地掌握外语。视听法专家全面分析了直接法和听说法的优缺点，扬长避短，取其精华，进一步发展和形成了自己的体系。视听法渊源于直接法和听说法，在此基础上发展了情景视觉感知要素，形成了独特的幻灯图像和情景画面，视觉与同步录音听觉相结合的方法体系。

描写语言学是视听法的语言理论基础。语言是有声语言，书面语是文字记录，在语言发展史的过程中，口语始终处于首位。口语历来是最完美的语言形式，对话最能体现口头语言的特性。这是视听法重视完整的口头对话教学的重要依据。

行为主义心理学是视听法的心理学理论基础。视听法也把外语教学过程归纳为刺激—反应—强化过程，归纳为幻灯图像或情景画面和录音的声音信息结合刺激视听感官，学生做出模仿反应，并进行反复强化操练，形成语言自动化习惯。语言和情景相结合，能创造类似不用本族语作中介的学习外语的过程。学生在情景中先学会口语，在此基础上再学会书面语。

视听法的教学原则：

1）充分利用情景、幻灯、录音等视听教具，使语言与情景相结合，新的语言特点通过情景进行教学和操练。语言与情景的密切结合，创造了良好的视听环境，能使学生更接近于日常生活交谈的自然形式。学生通过生动的图像情景和生动地道的外语录音相结合，排除母语为中介，建立外语与客观事物的直接联系，促进用外语理解和表达的能力。

2）感知整体结构的对话形式。情景视觉感知和外语对话录音听觉感知，是以整体结构形式实现的，即眼看一组幻灯或情景画面，耳听一段意思完整的对话，从而使语音、语调、词汇、语法在对话中被整体地感知。音素、句子的训练，是在掌握语音、词汇、语法等要素组成的综合对话基础上进行的。

用视听法教学，语音教学不是从学习孤立的音素开始，而是首先要听一段意思完整的对话，从而掌握语言的语音、语调、节奏和旋律等整体结构，在此基础上再进行个别因素训练。词汇也用整体结构的方法教，即通过图像呈现情景，根据一定的题材在句中教词汇。换句话说，语音、词汇的教学过程，不是采取单音→单词→句子→成段对话（语篇）的教学顺序，而是采用成段对话（语篇）→句子→单词→单音的教学顺序。语法教学也不例外，要求学生先通过图像呈现的情景和简短的对话，掌握句子结构的整体意义，再反复用于实例中，最后训练学生不假思索地使用这些语法项目与别人交谈，达到运用自动化的程度。孤立地讲解语法规则，分析语法结构，不仅无助于掌握外语，反而有害于掌握整体结构。因为没有足够的语言感性知识是难以理解和掌握语法规则的。语音、词汇和语法完全通过情景及与情景相结合的对话方法进行教学，因此完整的对话（语篇）是视听法外语教学的基本单位。

3）集中强化口语教学，在口语的基础上进行书面语教学。用视听法教学，外语教学要集中进行口语强化教学，以掌握基本口语的能力。在此基础上，才开始书面语教学。其教学顺序是听→说→读→写。

认知法也叫认知符号法（cognitive-codea approach）。这种教学法重视在外语教学中发挥学生的智力作用，强调认知语法规则，着眼于培养实际而全面地运用语言能力的一种外语教学方法体系。由于该法强调对语法规则的理解和掌握，因此也叫现代的语法翻译法，其创始人是美国心理学家卡鲁尔（J'B.Carr01）。

20世纪60年代，世界科技飞速发展，资本主义国家的竞争除了军事、政治、经济领域外，已深入科技领域。发展本国科学技术，开展文化交流需要高水平的外语人才。由于知识信息量的激增，为适应信息社会的发展，外语教学不仅要记忆知识、培养口语能力，更重要的是培养智力人才。当时外语教学中风靡一时的听说法已暴露出它的致命弱点：重实践，轻理论；重口语，轻笔语；重机械训练，轻灵活运用，等等。显然，听说法已不适应科技飞速发展的形势。时代要求探索新的外语教学法，认知法就应运而生了。认知法是针对听说法的缺陷提出来的，它企图用认知—符号学习理论代替听说法的刺激呻反应—强化学习理论。

认知心理学是认知法的心理学理论基础。认知心理学认为，学习外语是一个感知、记忆、思维、想象的过程，是大脑积极思维的结果。认知心理学家皮亚杰（J.Piaget）强调思维创造能力在学习中的作用。布鲁纳（J.S.Bruner）提出教学要以"学习者为中心"的理论，要求学生在教学中充分发挥积极性和主动性。在课堂教学中主要是学生的活动，教师处于从旁指导的地位。另一个心理学家奥苏贝尔（D.P.Ausubel）倡导意义学习，重视基本概念和理解规则。他认为学习有两种：一种是机械性的学习（mechanical learning），另一种是有意义的学习（meaningful learning）。机械性学习特点是学生对所学知识缺乏理解，单靠死记硬背记忆知识。有意义的学习是认知学习，其特点是指对所学学科的基本概念和规则的理解，了解它们的内在联系。因此，认知法主要强调外语教学中要充分开发学生的观察、记忆、思维、想象等智力因素，强调认知原则，指导学生掌握外语交际能力。（吴进业，2001：18—19）

乔姆斯基（N.Chomsky'）的转移生成语法是认知法的语言学理论基础。

认知法的教学原则：

1）发展学生智力，在理解、掌握语法规则的基础上进行有意义的操练。心理学的认知概念是"知道"的意思，而"知道"则有感觉、知觉、记忆、想象，构成概念、判断，推理等意义。认知心理学家重视感知、理解、逻辑思维等智力活动在获得知识中的积极作用，试图把认知心理学的理论用于外语教学，因而称为认知法。这种教学法强调在外语教学中发挥学生的智力作用，重视对语言规则的理解，重视培养学生实际运用语言的能力。因此，外语教学要充分发挥学生的智力，调动学生的智力因素，提高学生的观察力、记忆力、思维能力和想象能力，同时，外语教学要求首先理解语法规则，在规则指导下进行有意义的操练，创造出成千上万个句子来进行交际活动，以掌握听、说、读、写的言语交际能力。

2）外语教学以学生为中心。以前的外语教学法的通病是忽视对教学对象——学生的研究，只重视对教学内容的传授方法的研究：虽名之为"教学法"，实际上只讲"教"的方法，忽视了学生"学"的方法。与此相反，认知法注意研究学生，主张在研究学生"学"的基础上研究"教"的问题，使教和学有机地结合起来。以学生为中心，充分激发学生的学习动机，调动学生的学习积极性和主动性，引导他们掌握科学的学习方法，养成良好的学习习惯和独立的自学能力。

3）广泛运用电化教具，口语与书面语并举，听说读写齐头并进。广泛运用电化教具创设视听情景,促进外语教学过程意义化、情景化和交际化。口语、书面语、听、说、读、写相互联系，相辅相成。因此，认知法主张口语、书面语同步发展，听说读写齐头并进。

交际法是以语言功能—意念项目为纲培养学生交际能力的一种比较新型的外语教学法体系。语言在社会中的功能是指语言行为，即用语言做事情或表达思想，如表示询问、请求、邀请、介绍、陈述、同意、拒绝、感谢、道歉、希望、害怕等。意念是功能作用的对象，是指从特定的交际需要和交际目的出发，规定所要表达的思想内容，即提问谁（who）或什么（what），所以交际法又叫功能—意念法（functional-notionalapproach）或叫功能法。

交际法创建于 20 世纪 70 年代初期的欧洲共同体国家，中心是英国。社会语言学是功能法的语言学基础，社会心理学和心理语言学是功能法的心理学理论基础。

交际法的教学原则：

1）交际、情景性原则。培养学生的言语交际能力是外语教学的目的。交际是在语境中用话语进行的，因此语义连贯的句子所构成的话语是外语教学的基本单位。外语教学要在成段、成篇的话语中进行。言语交际是外语教学活动的依据和出发点。要使学生掌握言语交际能力，必须用外语上课，在课堂上进行师生之间的言语交际活动，实现课堂教学过程交际化。言语交际活动又总是在特定的情景中进行，并受情景制约，所以外语教学要在学生日常生活、学习和未来工作最迫切需要的情景中进行。

2）话语是外语教学的基本单位。交际法反对以语音、单词、句子、课文等顺序教学，也反对以句子为教学的基本单位的机械式的句型操练，主张以话语为教学的基本单位。话语是言语交际的重要形式，是交际法的支撑点。因此，无论是句子，还是语音、词汇、语法、句型结构等，都应综合地运用在表述情景的整篇话语中去学习。

笔者认为，直接法的"主张用外语与客观事物建立直接联系"的原则是摆脱外语课堂以母语为中介的主要手段。像幼儿学习母语一样，利用实物、图画、手势、动作使学生用所学外语与客观事物建立直接联系，培养学生用外语进行思维的能力。

听说法的"以句型操练为中心，反复模仿，形成自动化习惯"的原则是可以批判吸收的。句型不仅有结构意义，还有词汇意义和社会文化意义。句型教学主要通过外语与母语句子结构的对比，根据由易到难的顺序进行安排，以突出句型的重点和难点。外语的习得同母语的习得一样，要靠大量的模仿练习和反复实践。语言的习得不是学习大量的语言知识，而是通过实践掌握运用语言的能力。因此，外语教学要让学生把大部分时间用在模仿、重复、记忆、自由交谈等实践上。反之，把大部分时间花费在教师的讲解、学生的理解记忆外语知识上，是对时间的极大浪费，而且只能获得事倍功半的效果。句型操练主要是通过刺激—反应—强化等反复模仿，强化操练，以形成自动化习惯。但是，外语教学不能以句型操练为中心，应该以语篇为中心，而且时间顺序应安排在语篇操练之后，从语篇中抽出句型进行反复操练，以形成自动化习惯。然后再用该句型构成语篇，进行自由交谈。

传统法提倡对语音、词汇、语法等知识的学习仍然是需要的，只是不用"语音＋词汇＋语法＋课文"的顺序学习，而是用视听法的"成段对话（语篇）＋句子＋单词

+单音"的顺序进行教学，即让学生先从语篇（对话）开始，学会对话后，再挑出句型讲语法，结合日常生活进行实际操练；接着学习句型中单词的读音和意义，再教单词中的音素的发音，最后让学生做练习和进行自由交际训练。这就是视听法的"感知整体结构的对话形式"的教学原则。采用此种教学原则，要充分利用情景画面、幻灯、录音等电化教具，使语言与情景相结合，新的语言点通过情景进行教学和操练。也就是说，眼看一组幻灯图像或情景画面，耳听一段意思完整的对话录音，从而使语音、语调、词汇、语法在对话中被整体地感知。音素、句子的训练是在学生掌握语音、词汇、语法等要素组成的综合对话基础上进行的。

  认知法的"开发学生智力，广泛运用电化教具，口语书面语并举，听、说、读、写齐头并进"教学原则是可行的。用此法施教，必须充分开发学生的智力，调动学生的智力因素，提高他们的观察能力、分析能力、记忆能力、思维能力和想象能力。另外，广泛运用电化教具创设视听情景，促进外语教学过程意义化、情景化和交际化。口语、书面听、说、读、写互相联系，相辅相成是学习外语行之有效的方法。认知法中"外语教学以学生为中心"的原则是符合当代素质教育中"以学生为主体"的原则的。以学生为中心，培养学生的主体意识，充分激发学生的学习动机，调动学生的积极性和主动性，引导学生掌握科学的学习方法，养成良好的学习习惯和独立的自学能力，以获取事半功倍的学习效果。教师有教不完的知识，学生有学不完的知识，如果知识是金子的话，那么好的教学方法则是"点金术"。所以，教师不仅要教学生知识，更重要的是要教会他们"点金术"。

  交际法中的"外语教学过程交际化"原则和"话语是外语课堂教学的基本单位"的原则是值得我们借鉴的。言语活动是一种交际活动。外语教学的目的是把所学外语作为一种交际工具来掌握，培养学生的外语交际能力。而言语交际活动是培养交际能力的主要途径。因此，要求外语课堂教学过程交际化。要使学生掌握言语交际能力，必须用外语上课，在课堂上进行师生之间的言语交际活动，实现课堂教学过程交际化。话语是言语交际的重要形式，交际是在语境中用话语进行的。所以，语义连贯的句子所构成话语是外语教学的基本单位。无论是句子还是语音、词汇、语法、句型结构，都应在表述情景或语境的语篇中学习，才能够培养学生的言语交际能力。

第五节　阅读与培养交际能力的辩证关系

外语学习者一般都认为阅读在听、说、读、写中是最容易掌握的一种技能。由于受 20 世纪 40 年代诞生的"听说法"的影响，许多外语教师认为阅读似乎是应在高年级培养的一种书面语的能力，与初学者无缘。现在看来，这种观点是不全面的。多数外语师生误认为阅读理解就是"逐词逐句理解""英译汉""遇到生词语查字典"或"问老师"等，而这种看法与赴英美的留学生在阅读中所遇到的实际情况大相径庭。事实证明，我们应该在学习外语的初级阶段就培养学生查索阅读（跳读）的能力，尤其是培养他们阅读语篇、句子和单词的能力：能从语篇中找到自己所需要的主要信息，能从句子中发现理解此句意义的关键词，能通过上下文猜出生词的意义。（顾芸英，1998：456）这些能力不可能自然形成，也不是讲解一下就能奏效的，而必须从学习外语一开始就有意识地通过各种练习手段来逐步培养。

阅读也是一种积极的交际活动。人们不仅进行口头交际，而且进行书面交际。阅读是对书面信息的理解与吸收，是有目的地获取书面信息的单项交际行为。阅读虽然是单项交际，但并非是消极地接受信息。它是一种生理、心理活动过程，是通过视角感知来识别和理解语言材料的推理过程。它其中包括识别、分析、判断、猜测、推理、概括、领悟与评价等阅读能力。（吴进业，2001：304）阅读实际上是读者与作者之间进行的一种交际活动。读者为了获取所需要的信息，必须运用各种阅读技能，进行识别、猜测、分析、判断、推理、概括，找出作者所表达的观点和信息，并对它们做出评价。因此，在外语教学中，在注意培养学生口头交际能力的同时，必须重视他们书面交际能力的培养。

认识阅读的交际本质和目的性，从教学法的角度讲有三点含义：（1）阅读教学的目的在于培养交际性阅读能力，即有效地获取书面信息，实现单项交际的能力；（2）阅读训练应力求交际化，即带着目的读，以提高理解效果；（3）不同的交际目的决定着不同的阅读方式，这些阅读方式应分别加以训练。这样一来，传统的外语阅读教学方式就大为改观：不再是那种讲、读、做练习的机械教学方式，而把阅读变成了获取书面信息的单项交际行为。

一、阅读的三个阶段（或种类）

按照阅读的目的要求和阅读能力发展的过程，外语阅读划分为三个阶段：

1. 适应性阅读（reading to familiarize）

适应性阅读是认读—朗读—默读的过程。这个过程从学习外语的第一堂课开始，一般到对话教学的中期为止，相当于初中一年级到二年级这一段时间。此段时间的阅读训练主要是配合听说训练进行的，开展了听说活动后，教师要把学生的注意力引导到课本上来，重视认读、朗读练习，然后逐步过渡到默读。

2. 学习性阅读（learning to read）

学习性阅读是学习怎样阅读的阶段。因此，阅读材料的内容要以短篇对话、趣味性强的小故事开始。材料的文字要浅显，信息量要大，因为这个阶段阅读的目的是要领会材料的主要内容，强调阅读速度，培养阅读兴趣，树立阅读信心，养成阅读习惯。这个阶段的阅读包括我们常说的"分级阅读"（graded reading）、"泛读"（extensive reading）和"快速阅读"（fast reading）。

3. 理解性阅读（reading for comprehension）

理解性阅读实际上是为了学到知识信息而进行的阅读（read-lngtolearn），即通过阅读获取材料所传达的思想、情感和知识信息，包括语言自身的信息，这就是所谓的交际性阅读训练。在此阶段应当特别注意材料的真实性（authentic）、题材的广泛性、体裁的多样性，而且文字的难度一般略高于学生的现有水平。总之，在此阶段的阅读材料总是包含着新信息，阅读目的重在要求学生理解材料的内容并从中获取新信息。这种重在理解的阅读往往开始于基础阶段的中期，贯穿于以后的整个外语教学阶段。这种阅读理解不同于课文教学，不像精读那样要求理解得精、深、透，只要求理解主要内容，适可而止，不断地实现重点转移。

二、阅读的方式（或方法）

具有一定外语阅读技能的读者，总是根据不同的交际目的或需要采用不同的阅读方式或方法，采用不同的速度进行阅读。外语的阅读方式分为三种：

1. 面式读法

"面式读法"就是我们常说的"粗读"或叫"略读"（skimming）。粗读或略读就是粗略地阅读全篇材料的内容,目的在于了解全文梗概,掌握全文大意或中心思想,或者是为了侦查一篇材料有无阅读价值,是否需要进一步阅读所采用的方法。如翻阅报刊、浏览新书目录、粗读一篇文章了解其中心大意等。

2. 点式读法

"点式读法"又叫跳读(skipping)。它是一种为了寻找特定细节或情节而放弃大部分无关紧要的材料内容,只注意材料中某一点或某几点的阅读方式。如从辞典的众多条目中查找某一个词,在一篇刻画人物的材料中寻找对主人公的相貌描写或心理刻画的细节,在一则足球赛消息中查找谁是射门得分者,在某年某月某日电视报中查找中央一套节目的内容,在一篇记叙文中查找故事发生的时间、地点等,都是使用跳读的方法。

3. 线式读法

"线式读法"又叫细读(scanning),即详细、逐行地阅读,以掌握全部材料内容,甚至包括分析语言难点。例如,学习每一篇精读课文或分析一篇学术论文等,都需要线式读法。

为了培养学生有效的阅读能力,必须对不同的阅读方式分别加以训练,使他们能够根据交际目的需要,灵活地采用恰当的阅读方式和阅读速度。

三、阅读技巧与策略

外语阅读是由几项技巧组成的活动。Barret(1968)认为,阅读技巧主要有五种:①理解字面意义;②能对材料要旨重新进行组织;③推理能力;④评价;⑤欣赏。David(1984)提出四种阅读技巧:①识别词义;②推理;③识别作者写作技巧、意图和风格;④寻找有关答案。(束定芳、庄智象,1998:135)

我们认为两人对阅读技巧的理解并不矛盾。所谓阅读技巧,就是在理解和鉴赏某一阅读材料过程中所需要的一系列手段和方法。关于各种阅读技巧之间的关系问题,从上述二人的分类看,它们明显处在一种相互联系、相互影响之中。推理是达到其他几种目的的重要手段之一,识别词义无疑又是推理和理解要旨的基础。理解与推理也是评价和欣赏的基础。对阅读材料不理解就无法对它进行评价和鉴赏。

现在人们一般认为技巧是习得的,是每个读者在阅读实践过程中无意识地使用的各种方法;而策略则是读者为解决某一具体问题所采用的某种阅读手段或方法。例如skimming(粗读),skipping(跳读)或scanning(细读),按其定义该属于"阅读策略";

inferring（推理）、appraising（评价）或 appreciating（鉴赏）则该属于技巧。我们认为，技巧和策略都可以通过有意识的训练而获得。近些年来，许多阅读教材已将阅读技巧和阅读能力的培养作为主要目标，在教材内容和练习的设计上，作者明确要求学生运用 skimming, skipping, scanning 等策略，运用判断、推理等技巧，准确理解材料的写作技巧、意图、风格及材料中的词汇意义。这一点，我们也可以从近几年的 TOEFL 和 GRE 试题中的阅读部分试题的设计上看出来。因此，外语阅读教学重点在于培养学生的阅读技巧、阅读速度和阅读理解能力已是一个方向性的问题。

四、快读与研读的辩证关系

如果我们将外语阅读按其目的和速度分成快读（fastreading）和研读（intensivereading）两种，则会发现，快读只是阅读方式中的面式读法（粗读或略读），研读则是线式读法（细读或精读）。强调任何材料都快读，显然是片面的；然而强调任何材料都要研读也是不妥当的。但是，快速阅读中需要的方法和技巧在研读中同样也是需要的。

20 世纪 60 年代，快速阅读十分流行。当时有人认为，对学生进行阅读速度的培养是外语阅读课的主要教学目的。甚至他们还以每分钟阅读多少单词作为检验阅读速度的手段，他们把阅读者分为快、中、慢三个档次。这种一味追求速度的做法不仅缺乏足够的理论依据，而且对实际提高学生的阅读技巧和阅读理解能力是没有多大帮助的。另外，为了提高阅读速度，有些人还一味反对出声读、指读、回读的做法。实践证明，出声读、指读、回读均是读者遇到阅读困难的表现，而非引起阅读困难的原因。实际上，这也是读者克服困难的一种表现形式，说明他正在试图运用某种技巧或方法达到理解的目的。

当然，这些阅读方式会影响阅读速度，但有时为了准确理解某些难度大的材料的含义，使用这些方式也是可以的，甚至有时是不可避免的。此外，在深入研究、评价、鉴赏某种阅读材料时，这些阅读方式还是不可少的。

我们认为，一味强调阅读速度而忽视理解程度和准确性的做法是不全面的，但只顾及理解程度和准确性而不考虑速度的做法也是片面的，因为这都是不符合阅读目的和需要的。阅读的目的是迅速、广泛、准确、有效地获取书面信息。因此，阅读方式和阅读速度的选择是由阅读目的和需要来决定的。具体来说，一篇外文阅读材料是否完全需要或者在某处需要出声读、指读、回读，需视材料的难易程度和具体的阅读目的与需要而定。例如，为获取准确的科技、医学、情报信息，或鉴赏、评价某种文学作品，而且阅读材料的难度较大，这就需要研读并加上出声读、指读、回读的方式。如果阅读是为了消遣，材料的文字又比较浅显，再用出声读、指读、回读的方式，则是时间上的极大浪费，而且提高不了阅读速度，培养不了交际性阅读能力。

五、交际性阅读能力的培养

交际性阅读能力的培养包括阅读速度、技巧的训练和理解能力的培养。当然，这些训练和培养需要一个过程，它必须经历前面讲过的适应性阅读、学习性阅读和理解性阅读三个阶段，但它是以达到大纲规定的技能方面的要求为目标的。外语阅读速度、技巧方面的训练和理解能力的培养并非是一朝一夕之功，而是要从头抓起，持之以恒，不能有丝毫的忽视。只有如此，才能培养出学生的交际性阅读能力。

1. 培养交际性阅读能力的基础在听说

交际性阅读能力的培养依赖于外语综合能力的培养。如果学生听说能力训练扎实，语言结构意识强，基本词汇掌握牢固，这些都是阅读理解能力的先决条件。阅读的最小单位是句子，如果基本句子结构通过听说熟练掌握了，当你读到"The film star you mentioned just now has Never appeared." 和"It's very hard to prepare dishes children like."时，马上就知道他们都是含有定语从句的复合句，那就无须再在句子层次上停留了。如果基本词汇通过听说掌握牢固了，当你读到一些复合词或衍生词 traffic light, landowner, handwoven, wholeness, bilingual 时，就无须查字典便能猜出词义。口语熟练的学生由于许多基本句型能够脱口而出，在阅读中会因语感强、视域宽阔而"一扫而过"。因此，训练听说能力是培养交际性阅读能力的基础。

2. 重视阅读技能三要素的培养

外语阅读技能的三个基本要素指词汇、理解和速度。

（1）词汇

阅读的关键在词汇。阅读理解的主要问题在于词汇量及其意义：词汇量大就能扩大阅读；对词汇意义的认识宽阔，就能领会作者的真意，反之，则达不到这些目的。因此，词汇对提高阅读速度和理解能力有着重要的影响。掌握词汇越多，阅读速度就越快，理解的程度就越深。例如，如果你对一篇文章的绝大多数词汇都熟悉，即使你对它的语言结构方面存有障碍，也基本上能达到通过阅读而交际的目的。因此，要求学生要多记单词，不要怕记忆单词。尤其是在听、说、读的上下文中记单词，在交际的过程中记单词，绝不可脱离语境去孤立地记单词。中国学生学外语，除了掌握最基本最常用的词汇外，在阅读中还要特别注意负重词（heavily loadedwords）、文化负载词（culturally loaded words）和行业术语（buzz words）。负重词既指词的外延多义性，又指词的内涵的含糊性（vague o rambiguous words），如"blue"一词，除具有"蓝色的"意思之外，还含有"发灰色的""青灰色的""沮丧的""以蓝色为标记的""英国保守党的"等，比如 turn blue with fear 指人"吓得脸发青"而不是"发蓝"；His face was blue with cold 是指"他的脸冻得发紫"而不是"发蓝"；Simlooks blue 指"她看上去情绪低落"而不是"她看上去是蓝色的"。类似的还有 retire（退下，退却，撤退，退隐，退职，退役，退休），例如，The captain retired to his cabin.（船长回到了自己的舱房）Theladies retired into the drawing-room.（女士们离开了餐室到客厅去）The football player retired hurt.（那个足球运动员受伤退场了）He retired from the world.（他隐退或隐居了）retire from office（退职），retire from service（退役），retire from thesea（不过海上生活），retire on a pension（领养老退休金），retire back stage（退居幕后），retire to bed（or to rest）（就寝），等等。英语文化负载词负载着英美文化。有些是生词，学生不知其义，如 dyslexia or reading disorder（阅读障碍——美国小学生到了四年级仍有 30%～40% 的学生患阅读障碍症，即不会阅读）；有些熟词，但另有他意，容易引起误会，如 public school（美国指公立中学或小学，英国指公学），public servant（公仆，官员，公务员即 stateofficial），watergate（水闸，闸口），a baker's dozen（十三）等。行业术语，在基础阶段当然不要求学生去记很多专业术语，但已经进入生活的专业术语和一些行业术语，包括一些通行的缩略词都在阅读中出现，似曾相识，但意义不同，学生容易误解。例如 wind 通常意思是"风"，但在固定词组中另有别义，如 eat the wind out of（占……的上风）是海上用语，即占他船的上风；the winds's eye（海）逆风。还有一些词拼写一样，但发音不同，其义亦异，如 wind（waind）（吹号角，缠绕）。

（2）理解

"理解"在阅读技能中是最具有决定意义的要素，因为阅读的目的在于理解。要提高阅读理解能力，除了掌握丰富的语言知识（词汇、语法）外，还要有一定的社会、文化、科技、地理、历史等方面的知识。为什么 eastwind 在英国的含义与中国的含义大相径庭呢？显然这与中英的地理文化的差异有关。阅读者对世界各国的人文、科技、地理、历史、体育、卫生、生活习俗和风土人情等方面的知识多寡，直接影响着他们的阅读理解能力。我们平常说的提高阅读理解能力，其中就包括扩大词汇量和扩大这方面的知识范围。因此，外语教师在教学中要善于扩大并激活学生学习网络中有关这方面的知识。同时在外语阅读课中对以下阅读技能给予适当指导：

a. 善于对一篇文章的体裁和结构进行分析，找出说明文或议论文的引题段（introductory paragraph）、正文段（body paragraphs）、结尾段（concluding paragraph）；在哪里点题？主题（思想）是什么？如何发展？以什么样的结构形式（时间顺序、空间/顺序、逻辑顺序）进行谋篇？然后找出各主体段的主题句（topic sentences），以助于理解其段落大意。

b. 要善于分析、判断和推导出各辅助之间的逻辑关系。除了借助于语言结构（各类从句与连词和关系词的关系）外，还要从意义上进行合乎逻辑的推理，如 It's cloudy today.Everyone is cheerful. 这两个句子在意义上就无任何逻辑关系，因此意义上是讲不通的；而 It's cloudy today It looks as if it were raining. 这两个句子从意义上就有明显的因果关系，因此是讲得通的。

c. 善于抓住实意词、关键词语、转折词语，把握文章的前后呼应关系及情节关系，以综观全文。

d. 几乎篇篇文章都有代词的出现，所以要善于判断和推理其代词的关联。

e. 任何一种语言都有一词多义现象，英语则更为突出。因此不能简单地望文生义，要通过上下文和词的搭配关系及不同的交际情景来判断和推测词汇意义，例 spell 一词常作"拼写"解，这是绝大多数学英语的人都知道的，但在下面句子中它就不是"拼写"的意思了：

There are many involved and abstruse expressions in this novel.htook meaweek to spell It out. 这本小说中有许多艰涩难懂的词句，我花了一星的时间才费力把它读懂。（吃力地读懂）

My request seems simple enough——do you want me to spell it outforyou? 我的要求很简单——你要不要我为你详细解释一下？（详细解释）

Don't be lazy.Laziness always spells failure.
不要怠惰，怠惰经常招致失败。（招致，带来）

f. 对于生词的处理，不能一见到生词就马上查字典，可以通过上下文或构词法来猜测词义。

(3) 速度

阅读的目的是获取材料信息，阅读速度是衡量阅读能力的标志之一。在理解的基础上提高阅读速度是阅读技能训练的一项重要内容。在阅读训练中，教师要帮助学生尽量避免那些影响阅读速度的做法，如指读、出声读、心读、心译、复视、逐词读、查字典等习惯。当然，有时为了准确理解内容，偶尔使用一下也是必要的，但不能字字句句都如此，或遇到每一个生词都查字典。教师要帮助学生培养"跳读式"的阅读方法，逐步扩大"识别间距"，以提高阅读速度。

同时，帮助学生养成良好的阅读心理素质，如信心十足、不怕困难、心平气和、主动积极地与作者沟通思想，不带任何心理负担，不急躁，不自负，不抱怨。让学生清楚意识到，提高外语阅读效率需要一个过程，不能一口吃个胖子。只有这样，才能最大限度地发挥读者的现有水平。

3. 重视阅读过程中的技巧训练

阅读理解是让学生通过阅读技巧的实践活动达到理解材料内容。阅读技巧的实践活动主要靠学生自己进行，教师只起指导作用。教师的任务是组织实践活动以吸引学生积极参加，指导学生有计划、有步骤地进行阅读技巧训练，逐步培养他们的独立阅读能力。学生课堂阅读技巧活动的主要内容有：

（1）预测（prediction）

阅读一篇文章之前，教师应先引导学生根据标题对内容进行预测，即是利用学生的知识结构接收新信息的方法。外语文章的标题一般有三种情况：一是预测度高，如"Women'sLiberation"，"Environmental Pollution"，一看标题便知内容。对这类文章，可先让学生用英语谈自己的情况和看法，这便可以引导学生把注意力集中到新信息上来。二是预测度低，如"Too Many Cats"，"Chipsin Everything"，对于这类标题，教师应给以适当的点拨，比如先讨论一下 Cats 和 Chips，或让学生读一下文章的第一句（通常为引出主题的句子），以便把学生的注意力引入文章的主题。三是有一定的可预测度，但容易误导，如"They Never Give Methe Present"，对于这类标题可先让学生大胆预测，预测正确与否都会对学生的阅读有推动作用。

（2）抓中心思想（getting the main idea）

在规定时间内让学生将全文阅读一遍后，再让他们对自己根据标题所做的预测进行检验，然后通过师生共同讨论交流，明确主题思想（对议论文，说明文）或故事大意（对记叙文）。

（3）摄取特殊信息（extracting specific information）

摄取特殊信息是教师先就课文提出几个问题或几点要求，让学生带着问题或要求有目的地进行阅读。例如阅读记叙文，教师先提出故事发生的时间、地点、主人公、主要事件及事件发生的因果，然后让学生带着这些问题去阅读，在阅读中发现问题，阅读完成后回答问题。

（4）推断作者的态度和语气（inferring the author's attitude and tone）

教师要求学生读完文章后，根据作者所使用的语言推断出他对文中论点的态度与口气：是赞成还是反对，是欣赏还是批评，是扬还是弃，是爱还是恨，是严谨还是儿戏，是激进还是中庸。

（5）推测词义（deducing meanings of words）

教师根据阅读的阶段性，到理解性阅读阶段，在阅读开始前可先挑出几个关键词，在阅读中要求学生根据上下文推知词义。

（6）确认语篇（recognizing discourse pattern）

确认语篇是要求学生读完全文后说明文章的体裁：描写文、记叙文、说明文、议论文等，并说明理由，进而说明各段落的中心意思。如果是说明文或议论文的体裁，要求学生指出各段的主题句（topic sentence）。

上述阅读技巧的实施可一时一事地进行，并根据不同阅读阶段，酌情选用一些或全部，而且不一定按上述顺序机械进行，教师可根据阅读材料的体裁和学生的外语水平灵活确定。

4. 培养学生的导读习惯

导读是中、高级阶段阅读教学的重头戏，是在教师指导下由学生自己对材料进行多层的阅读训练活动。它可以确保学生有充分时间进行独立的阅读活动；由于教师的层层指导，它可以训练学生的种种阅读技能和技巧。导读不主张学生课前预习，不主张堂上先听教师口述大意（口头呈现材料内容），然后再由教师详细讲解的做法。理由是，课前预习意味着学生的阅读活动在课外，不能保证教师对学生做必要的阅读指导和时间控制，不利于培养学生的阅读速度和交际性阅读能力；而课内教师的详细讲解又是以听为主，难以落实学生自己的阅读理解训练。

导读的一般过程是：

（1）热身活动

做好阅读前的热身活动即是教师帮助学生做好阅读前的准备工作，以便让学生轻松愉快地进行有目的阅读。阅读前的准备工作包括：①设置情景，提出问题，使学生产生急欲阅读的需要，从而愉快地带着目的去读。例如，讲授 Better Known as Mark twain- 课的时候，教师对 Mark twain 的生平可做简单介绍，然后提问学生 Do you know Mark twain's childhood?（学生问答 No） Do you know how he became a famous writer in the world?（学生回答 No）再问 Do you know how he lived in his old age?（学生回答 No）教师又问学生 Do you want to know the answers to these questions?（学生回答 Yes）教师可以说 Please read the text if you wish to get the answers. ②谈论与阅读材料有关的话题或出示有关画面、实物、动作等，以唤起学生的阅读兴趣，使其放松阅读前的紧张心理。例如讲授 Washington, D.C. 一课时，可出示波托马克河的画面、美国白宫的画面和五角大楼的画面等，以引起学生的兴趣，使其产生对 WashingtonD.C. 急欲了解的心理。③帮助学生排除可能影响理解课文内容的新词语障碍。以上这些热身活动的意义在于使学生处于开始阅读的积极准备状态，以便带着明确的目的和强烈的愿望去读，满怀信心地去读；同时也有利于培养学生的阅读技巧，提高学生的阅读交际能力。做好热身活动不仅适用于泛读课，也适用于精读课。

（2）第一层阅读

第一层阅读的步骤是：布置任务（理解大意）叫粗读—检查。学生开始阅读前，教师先布置任务：要求学生快速略读全文后，用英语讲述课文大意（generalidea），根据阅读材料的体裁不同，要求有别：对于议论文和说明文，要求学生读后讲出主题思想、中心思想或中心意思；对于记叙文体裁，要求学生讲述故事大意或故事梗概。布置任务后，学生开始粗读，为了督促学生在理解的基础上提高阅读速度，还是规定一个完成阅读的时间参数为好，一般为每分钟 110～120 个单词为妥。然后教师根据布置的任务向学生提出问题，学生回答以检查学生对任务的完成情况。

（3）第二层阅读

第二层阅读的步骤是：布置任务（找特殊细节/找主题句/猜词义等）—按任务具体要求进行跳读—检查。在第二遍开始阅读前，教师布置任务：提出有关特定细节，主题句或猜测其义的几个词语，要求学生带着任务进行跳读。学生跳读后，教师提出问题，学生回答，以检查学生对任务的完成情况。

（4）第三层阅读

第三层阅读的步骤是：布置任务（详细全面理解课文）—细读并画出难点和疑点—

检查。在第三遍阅读开始前,教师布置任务:要求学生细读并详细理解全文,画出不懂的难点和疑点。学生开始细读并画出了不懂之处。然后教师检查,提问学生不懂的问题,教师对问题做出标记。

(5)小结

教师带着学生提出的难点和疑点对课文进行讲读(适用于精读课),如果是泛读课,教师只讲解学生提出的难点和疑点,不对全文讲读。

第六节 英汉语用差异

由于英汉语用差异造成中国学生在英语交际中的语用失误的例子举不胜举。近年来,我国英语教师越来越体会到要培养学生的英语交际能力,提高其英语水平,只教会他们理解和分析规范的句子,或只要求他们多听多说是远远不够的。交际实践证明,英语的一些语用原则不能不学。否则,中国学生与英美国家的人士进行交际时会出现语用失误,严重者会产生误解或冲突。

为了避免交际中不快的事情发生,我们不妨分析一下语用失误的原因,以避免失误的发生。

一、语用失误的类型

我们用英国语言学家托马斯(JennyThomas,1983)的观点,将语用失误分成两类:

1. 语言本身的语用失误

语言本身的语用失误包括两个方面:一是不合乎以英语为母语的本族人的语言习惯,错误地使用了英语的表达方式;二是不懂英语的正确表达方式,按汉语的语义和语言结构套英语。例如,一位中外合资企业公司中的一位女秘书一天工作干得很出色,她的美国老总感到十分满意地说:"Thanks a lot.That's a great help."女秘书回答:"Never mind."实际上她想表达的意思是"没关系""不用谢"之类的话,应该说:"With pleasure","It's my pleasurc","Not at all","Don't mention it","You're welcome"等表达方法,但她误用了"Never mind"。其实"Never mind"常用于对方表示道歉(sorry)时,而自己不予介意的场合,是安慰对方的套语。这里,秘书显然用错了英语的表达方式,导致语用失误。

2. 社交语用失误

社交语用失误是指交际双方因互不了解对方的文化背景与己方文化背景的差异而影响语言形式选择的失误。这种失误与谈话双方的身份、语域、话题熟悉程度有关。例如，汉语的"谢谢"的英语对等词是"Thank you"，这是任何学过英语的人都知道的，但如何在英美人士社交场合正确使用"Thank you"却颇有学问。如在受到别人赞扬与祝贺时，"Thank you"是英语中最常用的答语，但汉语则说"过奖，过奖"或"惭愧，惭愧"之类的话来应答。如果在这些场合不会用"Thank you"，而将汉语直译成"You flatter me too much"或"I feel ashamed"来应答，那就很不得体，对方会莫名其妙地扪心自问："怎么了？我的祝贺是错误的吗？"又如，有一位访美女学者在宴会上听到别人赞扬她的衣服"That's a lovely dress you have on."当时她不会用"Thank you"作答，而按汉语习惯答道："No, no, it's just a very ordinary dress."这种语用失误在于，听话人会认为这种答语暗示着她连衣服的好坏都分不清，自愧真是审美观点太低了。（邓炎昌，1981）

值得注意的是，语言是社会的交际工具，因此语言的使用离不开具体的社会环境，非要在这两类语用失误之间划一条明显界线是不切合实际的。例如，商店售货员对顾客说："Can i help you?"或"What can I do for you?"以英语为母语的本族人会把它理解为售货员主动提供服务的礼貌用语，而不是向顾客探听售货员本人是否具有为顾客做事的能力。如果我们中国的售货员用汉语的习惯用语说"您要点什么？"来套到英语中去招呼英美顾客"What do you want?"英美顾客会误以为这位中国售货员欠礼貌。显然，这句问话既有语言本身的语用失误，又有社交语用失误。"您要点什么？"与"What do you want?"这两句话的语义相同，但言外行为根据文化背景不同而有差异。前者只要语调得当，以汉语为母语的人听起来却是非常得体的商场用语；但后者在以英语为母语的人士听起来好像是不客气的询问。从这一点来看，这种失误属语言本身导致的失误，但在实际交际场合，以英语为母语的人听到这类像审问、吆喝的话会引起不快，这种失误又的确属于社交语用失误分析。

1. 语言本身的语用失误分析

在语言活动中，交际双方永远不可能处于同一空间位置。交际双方要多少保持着一定的空间距离。因此，毫不奇怪，许多语言中都存在两套分别以靠近说话人和离开说话人为依据的表示空间位置的词语。在英语中，最普通的表示空间位置的指示性词语包括指示代词 this 和 that，方位副词 here 和 there，以及相应的动词 come 和 go bring 和 take，显然，这几对词都是以说话人为轴心，分别按照静态和动态组织起来的：靠近说话人的位置用 this，here 离开说话人则用 that there；朝着说话人的位置移动用 come 和 bring；离开说话人而远去用 go 和 take。这里可用一个简单的图表示：

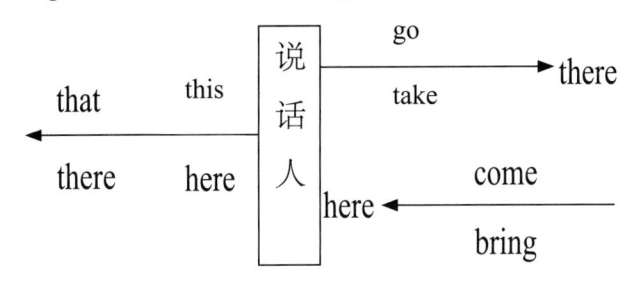

```
                    go
   that    this  ┌─────┐  take
 ←─────────────  │ 说  │ ──────────→ there
                 │ 话  │
   there   here  │ 人  │    come
                 │here │ ←──────────
                 └─────┘    bring
```

例如 This picture is beautiful

It's cold out there

Bring a book when you come next time

Take an umbrella when you go

I don't like this coat.Can you fetch me that one over there?

当然，也存在交际双方把自己看作一个整体的情况，尽管交际双方之间存在一定的空间距离，但他们可以不考虑这一点，而把两人所处的方位作为同一空间的参照点。例如：

Shall we go out there?

We were here yesterday morning

以上谈的是语用的正常情况，但"I'm coming"在语用上应该说是异常的情况，说话人怎么可能朝着他自己所处的方位移动呢？"语用学家把这一用法解释为'礼貌的观点转移'"，即说话人不以自身为参照点，而把参照点转移到听话人所处的方位上去了，这是一种礼貌的表现，这样，实际上的 I'm going 成了文字上的 I'm coming。（何兆熊，1995：56）这就是为什么说上面答案"Can I come to your house tomorrow?"是正确的。"Come"的另一种特殊用法是说话人既不以自身为参照点，也不以听话人所在之处为参照点，而以两人之中任何一个人的家宅为指示参照点，但在说话时，两人都身处这个家宅之外，例如：

I came over twice to visit you but you were not in.（以听话人的家宅为参照点）

We are organizing a party at our place.Will you be coming?（说话人的家宅为参照点）

语用学家认为这是"以家宅为基础"（home-based）的一种特殊用法，即以说话人或听话人的家庭所在地为指示的参照点。说话人身处家宅之外（如在办公室里），用 come 来指上他家去的动作，这比较容易理解。不管是谁，不论在说话时他身处何方，他都可以把自己本身和自己的家庭统一起来。但说话人在指去听话人的家时用 come，恐怕只能说这也是一种转移参照点的情况，也许是出于礼貌，也许是为了增加两人之间的亲近感。（何兆熊，1995）。

2. 社交语用失误分析

社交语用失误主要由于汉英文化差异所致。利奇（Leech，1983）曾说：语用原则基本上是共有的，但它们的相对重要性却由于文化的不同而相异。有些东方文化（如中国、日本）一般比西方国家更看重谦虚的原则。下面一些交际语用失误的例子证明了利奇的话是有道理的。

（三）语用能力的培养

从上面对语用失误的分析，我们认为英语的《语用学》这门课程在大学里应该开设，而且对于学习英语中初级阶段的学生来说也应该在具体语境中教他们一些语用知识，甚至要列入教学计划。事实证明，语用内容在英语教学中的重要性绝不次于语法课和词汇课。

究竟如何在英语教学中穿插一些语用知识呢？我们的建议如下：

1. 采用语篇教学培养学生的语用能力

语篇教学或叫话语教学，主要目的是帮助学生用所学英语进行成功交际。成功交际的关键是看学生能否不犯语用失误地、恰当地运用英语进行交际。毫无疑问，这就涉及了语用知识。语篇教学是在日常生活的具体语言环境中进行完整意思的对话教学的，语用知识会充分体现在活的话语中，学生学了就能用，用之而得体。

克列帕与威多逊（Cripper & Widdowson，1975）曾说过："外语教学中把语言形式与交际功能等同的倾向，学生常被引入歧途以致认为命令只能用祈使句，提问只能用疑问句。"这种评论是有道理的，语法书上写道："英话的祈使句是用来表达命令（command）和请求（request）的。"教师在课堂上也这样讲："祈使句是用来发布命令的。""命令或请求是用祈使句来表达的。"这就容易给学生造成一种错觉：只有祈使句才能表达命令和请求，别的类型的句子则不能。须知，语言形式与其所表达的意义或表达的交际目的之间并不存在一对一的关系。例如，英语的祈使句未必都是表达命令和请求的：

Bake the pie in a slow oven.（表"指示" instruction，常用于说明书中）

Have some coffee.（表示"邀请" Invitation）

Come for dinner tomorrow.（提出"邀请" invitation）

Take up this offer.（提出"劝告" advice）

Give up this day our daily bread.（表示"祈求" prayer）

Forgive us our trespasses（表达"祈求" prayer）

从此可以看到，英语语法中所说的祈使句不单单表达"命令"和"请求"，还可以表达许多其他的语言行为；反之，"命令"也未必定都用祈使句表达。如：

This should be done again

You'll have to do this again

You can do better than this

It's my job to get you to do better than this

这四个句子都是一位教师对学生发"命令"时所可能使用的语言形式，但都不是祈使句。可见，同一交际目的也可以用不同的语言形式来表达，也就是说，结构相异的句式并不等于功能完全不同，又如：

I hope you'll close the window

Would you close the window?

It's cold in here

在特定环境下用特定的语调来说这些话，可能对听话者产生相同的效果。因此，为了提出外语教学效率，使学者尽快获得运用所学语言进行交际的能力，为什么不能根据交际的实际需要采用语篇教学形式，选择和安排教学内容呢？交际法就是基于这种认识而生的。

交际法是以语言行为，而不是以语言形式为出发点的；教学内容是依据学生的学习外语的目的来选取和安排的，而不是像统传法"语音＋词汇＋语法"那样的模式以语法为纲来安排教学内容的。

20世纪70年代开始流行的情景法可以说是交际法的一种尝试，它是以学生今后可能使用外语的具体场合、情景为主线来安排教学内容的。例如，学生学习英语将来有可能出国留学、经商，或在国内接待外宾，于是教材中就出现了"机场""海关""住旅馆""在邮局""购物""在图书馆""访友""看病""问路""打电话""贸易谈判"之类情景题材的语篇。学生在一种模拟的情景气氛中学习语言，学了今后直接就能用，目的性强。这样学习外语自然会事半功倍，效率很高。

但是，经过一段实践，师生发现，情景法也不是尽善尽美的，因为它远远包括不了所有交际场合所需要的语言行为，也无法作为学生学会表达具体情感、理性态度和一些常见的概念（时间、位置、条件、因果等）所需要的语言形式的载体。再说，具体说话时的话题往往不受情景限制。例如，一个人去邮局未必一定买邮票寄信，也可能去抱怨邮包迟迟没有收到；到图书馆不一定就借书，也能去找一位朋友，邀请他周末一块去看电影，等等。于是就出现了交际法。

目前，以话语为主要形式的交际法是多数人认为真正的交际教学法，它直接从外语学习者用所学外语在实际中需要做些什么或表达什么意义、要达到什么交际目的出发，选择和安排语言内容，与情景法结合使用，无疑是培养学生英语语用能力的一种最理想、最有效的教学手段。

2. 借助词汇教学培养学生的语用能力

英语传统法的词汇教学是先教学生学会读音，再记词义，然后最多举一两个脱离实际语境的例子，这叫定义法教学。用此法教词汇是培养不出学生的语用能力的。何自然（1986）曾说："在词汇教学中，教师应着眼词的所指，词与词之间的搭配以及如何用它在一定情况下组成完整的句子。"显然，"在一定情况下"指的是"在特定语言环境中"组成完整的语篇。学习词汇必须在语境中学，学生不仅容易掌握意义，还掌握了在不同语境中词的不同意思和不同用法。这里值得提倡的是情景教学法，而不是定义法。例如，"wel"一词相当于汉语的"好"，"Well done!"是"干得好！"的意思，"Well said!"指"说得好！""act one's part well"指"演得好"，"treat sh.well"是"待某人好"，"think（speak）well of sh."是"认为（说）某人好"，等等。但是，当 wl 作为句首语气词时，运用定义法教就无济于事了。这时用情景法或交际法，通过话语（对话）使学生领悟到 wel 用于以下语境中的意思和用法。

A：Why didn't you do this thing in another way?

B：Well who would have thought it?

唷，谁会想到那样呢？（表示惊讶）

A：I m very tired.I cant step further.

B：Well.here we are at last.

好啦，终于到了。（表示快慰）

A：Cant you improve it?

B：Well it cant be helped/ improved

唉，只好如此。（表示无奈）

A：Did the weather-man say it was going to be fine tomorrow?

B：Well he didn t say it was going to rain

嗯，他没说明天有雨。（表示说话者自己意识到所说的话不能满足听话者的要求）

实践证明，词汇教学结合语用原则会更有利于学生达到用词准确得体。

3. 借助语法教学培养学生的语用能力

传统语法教学的目的是让学生理解并熟记语法规则，了解语言形式或语言结构。从语用学的角度，语法教学的主要目的是提高学生正确、流利地使用语言的能力。如果在语法教学中重视与语用知识的结合，无疑会收到更好的效果。以英语时态教学为例。传统法那种教师只告诉学生不同的时态形式表示不同时间关系的行为是不够的，还应该告诉学生在使用这些语法形式时应注意他们所能体现的言外行为和前提。例如"be+ 不定式"，语法书上都说它是"表示按计划、安排即将发生的行为"的语言结构：This line is to be open to traffic on Oct.I this year.（这条铁路线于今年10月1日通车）The Prime Minister is to speak on TV tonight.（首相今晚要发表电视讲话）只讲这些显然是不够的，还必须告诉学生，这个结构与第二人称主语连用时，语境可以是发出指令，这时的说话者与听话者一般是处于上下级的关系。例如：

学生 When shall we be here tomorrow?

系主任：You are to be here by eight tomorrow.

（=You must be here.； Be here..）

又如，上课了，教师要进教室，几个学生站在门口，教师便说：

"You're not to stand here."（你们不要站在这里）

假如教师把这些因前提语境不同而相异的用法能作为语言的语用规则结合到时态教学中去，那就会帮助学生提高其灵活、正确运用语言的能力，从而达到英语语法教学的预期目的。

4. 利用可利用的渠道和方法培养学生的语用能力

教师除了在课堂上有意识地结合教学内容向学生介绍语用规则，培养其语用能力外，还可以通过看英语电视、电影、录像、阅读现代英美文学作品等渠道来培养学生的语用技能。还要充分发挥外籍教师的作用，请他们以讲座形式介绍一些英美文化习俗，尤其是有别于本国文化的习俗等，都可以有助于培养学生的语用意识，提高他们的语用能力。

参考文献

[1] 毕晟，尹丽娟. 多维视角下的英语语言学研究 [M]. 成都：四川大学出版社，2019.

[2] 卜友红. 英语语言学及应用语言学研究 [M]. 上海：同济大学出版社，2014.

[3] 邓林，李娜，于艳英. 现代英语语言学的多维视角研究 [M]. 北京：地质出版社，2017.

[4] 段满福，李满亮. 实用英语语言学 [M]. 呼和浩特：内蒙古大学出版社，2007.

[5] 冯华，李翠，罗果. 英语语言学与教学方法研究 [M]. 长春：吉林人民出版社，2019.

[6] 冯小巍. 现代英语语言学多维探索与研究 [M]. 北京：新华出版社，2018.

[7] 桂诗春. 基于语料库的英语语言学语体分析 [M]. 北京：外语教学与研究出版社，2009.

[8] 郭月琴. 现代英语语言学的多维分析及其发展研究 [M]. 北京：中国大地出版社，2019.

[9] 纪旻琦，赵培允，马媛. 英语语言学理论与发展探究 [M]. 长春：吉林大学出版社，2020.

[10] 李郁，高阳，周澍. 英语语言学概论 [M]. 长春：东北师范大学出版社，2007.

[11] 刘曦. 基于多维视角的英语语言学理论探索与应用 [M]. 北京：新华出版社，2019.

[12] 马腾. 英语语言学学习指南 [M]. 银川：宁夏人民教育出版社，2010.

[13] 彭建武，陈士法. 英语语言学实用教程 [M]. 镇江：江苏大学出版社，2009.

[14] 苏立昌. 英语语言学导读 [M]. 天津：南开大学出版社，2009.

[15] 田昆，戴文婧. 现代英语语言学基础理论的多维分析及发展研究 [M]. 北京：

中国大地出版社，2019.

[16] 王东波．英语语言学 [M]．济南：山东大学出版社，2007.

[17] 王永祥，支永碧．英语语言学概论 [M]．南京：南京师范大学出版社，2007.

[18] 于学勇．实用英语语言学 [M]．北京：国防工业出版社，2011.

[19] 张丽亚．现代英语语言学研究 [M]．长春：吉林人民出版社，2019.

[20] 朱跃，胡一宁．英语语言学 [M]．合肥：安徽大学出版社，2010.